Estudo Devocional do

Tabernáculo no Deserto

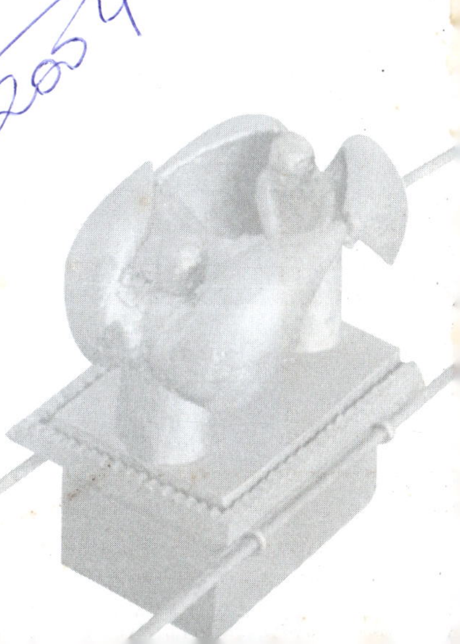

Alvin Sprecher

Estudo Devocional do

Tabernáculo no Deserto

O lugar do seu encontro com Deus

Tradução
Marcos Antonio de Barros

CPAD

Título do original em inglês: *Come Meet With Me*
Tradução: Marcos Antonio de Barros

Preparação dos originais: Kleber Cruz
Revisão: Luciana Alves
Capa e projeto gráfico: Rafael Paixão
Editoração: Oséas Felicio Maciel

CDD: 220.64 - Símbolos e Tipos
ISBN: 85-263-0459-3

As citações bíblicas foram extraídas da versão Almeida Revista e Corrigida, edição de 1995, da Sociedade Bíblica do Brasil, salvo indicação em contrário.

Para maiores informações sobre livros, revistas, periódicos e os últimos lançamentos da CPAD, visite nosso site: http://www.cpad.com.br

Casa Publicadora das Assembléias de Deus
Caixa Postal 331
20001-970, Rio de Janeiro, RJ, Brasil

1ª edição/2002

Prefácio

No princípio do meu ministério, descobri que o estudo da forma como Deus conduzia Israel, sob a liderança de Moisés, era muito interessante. Comecei a ver que não se tratava apenas do registro histórico de que Deus lidava com uma nação, mas também que o próprio Deus estava revelando seu plano de salvação e a caminhada cristã. Uma das verdades mais empolgantes é que Deus é quem solicita a comunhão com o homem. Por várias vezes lemos as palavras: "ali encontrar-me-ei contigo!". É Deus expressando o desejo de comungar com o homem.

Ao desenvolver este estudo nas igrejas que pastoreei, percebi que as pessoas muito se interessavam por ele. De modo similar, ocorreu quando o empreguei como estudo bíblico nos cultos de retiro espiritual, bem como no campo das missões, principalmente no Brasil. As pessoas aconselharam-me a escrever um livro sobre o assunto. Não me sentia capaz de fazer justiça a um tema tão grandioso. Contudo, os amigos continuavam a perguntar-me se eu escrevera sobre o mesmo, e eu ainda me esquivava da idéia de fazê-lo.

Estando eu em uma quase aposentadoria, meu filho Timothy comprou-me o equipamento para fazer este trabalho, e disse: "Agora quero que o senhor escreva este estudo". Assim, eu finalmente me senti compelido a fazê-lo.

Agradeço a Deus pelo apoio que recebi de minha família. Minha nora, Dee, que fez algumas correções. Meus filhos, Tim e Jonathan, que deram o suporte técnico de que necessitei. Minha filha Judith, que há alguns anos vem sofrendo enfermidades que a fizeram parar de trabalhar, deixando-a quase incapacitada. Mas o Senhor deu-lhe um alívio, proporcionando-lhe a oportunidade de visitar-nos e fazer a edição crítica do estudo. Em último lugar, porém jamais de importância menor, agradeço a minha esposa, Rose, por sua paciência, por suas orações e por me apoiar com um espírito amoroso. Acima de tudo, agradeço ao Senhor por ministrar as maravilhosas e inescrutáveis riquezas do seu Evangelho.

Alvin Sprecher

Sumário

Introdução

DEUS BUSCA COMUNHÃO COM O HOMEM

Quando Deus criou os céus e a terra, a Bíblia diz que Ele viu que isso era muito bom. No sexto dia, "disse Deus: Produza a terra alma vivente conforme a sua espécie...". De novo viu Deus que era bom, ainda assim Ele não estava satisfeito. Ele queria algo mais, uma criação de classe mais elevada e nobre com a qual pudesse comunicar-se e ter comunhão.

Uma criação à sua própria imagem. "E disse Deus: Façamos o homem à nossa imagem, conforme a nossa semelhança; e domine sobre os peixes do mar, e sobre as aves dos céus, e sobre o gado, e sobre toda a terra, e sobre todo réptil que se move sobre a terra. E criou Deus o homem à sua imagem; à imagem de Deus o criou; macho e fêmea os criou. E Deus os abençoou e Deus lhes disse: Frutificai, e multiplicai-vos, e enchei a terra, e sujeitai-a..." (Gn 1.26-28). Está aqui, portanto, declarado de modo breve: o homem foi criado para dominar sobre a terra, sujeitá-la, e ter comunhão com Deus.

O fato de que Deus desejava ter comunhão com o homem é visto no drama ocorrido após Adão e Eva haverem comido do fruto proibido. Seus olhos foram abertos, eles viram sua vergonha e fizeram coberturas de folhas de figueira para si. Gênesis 3.8,9 nos conta: "E ouviram a voz do Senhor Deus, que passeava no jardim pela viração do dia; e escondeu-se Adão e sua mulher da presença do Senhor Deus, entre as árvores do jardim. E chamou o Senhor Deus a Adão e disse-lhe: Onde estás?". Deus queria ter comunhão com o homem, mas observe a resposta deste no verso 10: "... Ouvi a tua voz soar no jardim, e temi, porque estava nu, e escondi-me". Adão sabia que as coisas estavam diferentes, mesmo antes de seu encontro com Deus, por causa de sua desobediência. Suas palavras foram uma confissão de quem havia pecado: eu ouvi tua voz, tive medo, estava nu, me escondi. Desde então, o homem vem tentando esconder-se de Deus.

Para evitar que o homem também comesse da Árvore da Vida, Deus precisava lançá-lo para fora do jardim e proibir seu retorno. Pôs querubins e uma espada flamejante na entrada para guardar o caminho da Árvore da Vida. Estava quebrada a comunhão íntima com Deus.

Deus ainda desejava que esta comunhão com o homem fosse restaurada. No decurso do tempo, quando a segunda geração nasceu, Caim, sendo um lavrador, trouxe alguns frutos do solo como oferta ao Senhor. Abel, o segundo filho, cuidava dos animais, e trouxe da gordura de seu rebanho, de igual modo, uma oferta ao Senhor. "... E atentou o Senhor para Abel e para a sua oferta. Mas para Caim e para a sua oferta não atentou. E irou-se Caim fortemente, e descaiu-lhe o seu semblante. E o Senhor disse a Caim: Por que te iraste? E por que descaiu o teu semblante? Se bem fizeres, não haverá aceitação para ti? E, se não fizeres bem, o pecado jaz à porta, e para ti será o seu desejo, e sobre ele dominarás" (Gn 4.4-7). Caim não dominou o pecado e matou seu irmão. Uma vez mais o coração de Deus entristeceu-se, porque a única pessoa que desejara agradar-lhe fora morta. Conforme o relato bíblico, o Senhor interpela Caim: "Que fizeste? A voz do sangue do teu irmão clama a mim desde a terra. E agora maldito és tu desde a terra, que abriu a sua boca para receber da tua mão o sangue do teu irmão. Quando lavrares a terra, não te dará mais a sua força; fugitivo e errante serás na terra" (vv. 10-12). Não havia arrependimento no coração de Caim, embora percebesse quão hediondo fora o seu ato. Respondeu ele ao Senhor: "É maior a minha maldade que a que possa ser perdoada. Eis que hoje me lanças da face da terra, e da tua face me esconderei; e serei fugitivo e errante na terra, e será que todo aquele que me achar me matará" (vv. 13,14). As palavras finais do episódio em que Deus lida com Caim encontram-se em Gênesis 4.16: "E saiu Caim, de diante da face do Senhor e habitou na terra de Node, da banda do oriente do Éden". Uma vez mais fora quebrada a comunhão que Deus procurava ter com o homem.

Quando Adão tinha 130 anos de idade, Gênesis 5.3 nos revela que ele teve um outro filho à sua semelhança, conforme à sua própria imagem. Seu nome era Sete, e através dele nasceram indivíduos com os quais Deus pôde ter uma íntima comunhão.

Na sétima geração após Adão, Deus encontrou um homem com o qual teve comunhão. Seu nome era Enoque. "E viveu Enoque sessenta e cinco anos e gerou a Metusalém. E andou Enoque com Deus, depois que gerou a Metusalém, trezentos anos e gerou filhos e filhas. E foram todos os dias de Enoque trezentos e sessenta e cinco anos. E andou Enoque com Deus; e não se viu mais; porquanto Deus para si o tomou" (Gn 5.21-24). Outra referência a ele encontra-se em Hebreus 11.5: "Pela fé, Enoque foi trasladado para não ver a morte e não foi achado, porque Deus o trasladara, visto como, antes da sua trasladação, alcançou testemunho de que agradara a Deus". Que culminação maravilhosa da vida de uma pessoa que vive em comunhão com o Senhor. Já nos capítulos iniciais da Bíblia, vemos que é o Senhor quem anela iniciar amizade com o homem, muito mais do que o homem com Deus.

Logo após a trasladação de Enoque, nasceu-lhe o bisneto Noé. Foi essa uma época em que a humanidade havia se corrompido de tal maneira, que Deus desesperançou-se do fato de haver criado o homem e estabeleceu um tempo para que ele se arrependesse. "Então disse o Senhor: Não contenderá o meu Espírito para sempre com o homem, porque ele também é carne; porém os seus dias serão cento e vinte anos" (Gn 6.3). A humanidade não aceitou o aviso, afastando-se ainda mais de Deus. "E viu o Senhor que a maldade do homem se multiplicara sobre a terra e que toda a imaginação dos pensamentos de seu coração era só má continuamente. Então, arrependeu-se o Senhor de haver feito o homem sobre a terra, e pesou-lhe em seu coração. E disse o Senhor: Destruirei, de sobre a face da terra, o homem que criei, desde o homem até ao animal, até ao réptil e até à ave dos céus; porque me arrependo de os haver feito. Noé, porém, achou graça aos olhos do Senhor" (vv. 5-8). Portanto, ali em meio a corrupção e rebelião, Deus mais uma vez encontrou alguém que o ouviria quando Ele falasse. Lemos em Hebreus 11.7 que "Pela fé, Noé, divinamente avisado das coisas que ainda não se viam, temeu, e, para salvação da sua família, preparou a arca, pela qual condenou o mundo, e foi feito herdeiro da justiça que é segundo a fé". Mesmo no pior dos tempos, Deus achou uma pessoa com quem pudesse fazer amizade.

Mais tarde encontrou Abraão, a quem mandou deixar casa e família para o seguir. Assim fez Abraão, e a Bíblia o chama de "amigo de Deus". Através dos anos seguintes, o Senhor encontrou certas pessoas com as quais pôde estabelecer aquele relacionamento íntimo, e que eram desejosas de comungar com Ele, tais como Isaque, Jacó e Moisés.

Após a saída do Egito, onde Israel estivera em servidão durante 400 anos, Deus mais uma vez começou a lidar com o homem. Sua esperança era o restabelecimento da relação que se havia rompido. O Senhor encontrou um homem da casa de Levi, casado com uma mulher levita. Ela ficou grávida e deu à luz um filho. Em virtude do edito real de que todas as crianças do sexo masculino teriam de ser mortas, a mãe escondeu o menino por três meses. Quando não podia mais escondê-lo, pegou um cesto de papiro e o revestiu de betume e piche. Pôs a criança no cesto, deixando-o junto à vegetação de juncos à beira do rio Nilo. A direção de Deus foi tal, que, vindo a filha de faraó ao Nilo banhar-se, viu o cesto e o recolheu. Ouvindo o choro do menino, compadeceu-se o coração da jovem e reivindicou a criança para si, e pela providência divina a própria mãe foi contratada para amamentá-lo e criá-lo. A princesa o chamou de Moisés, que significa "das águas o tirei". Moisés recebeu a melhor educação, uma vez que possivelmente um dia se assentaria no trono de Faraó. Toda esta pompa e glória não corrompeu o coração e o caráter de Moisés, que ainda jovem tomou a mais importante decisão de sua vida. Em Hebreus 11.24-26 tal fato é citado com muita eloquência sob a inspiração do Espírito Santo: "Pela fé, Moisés, sendo já grande, recusou ser chamado filho da filha de Faraó, escolhendo, antes, ser maltratado com o povo de Deus do que por, um pouco de tempo, ter o gozo do pecado; tendo por maiores riquezas, o vitupério de Cristo do que os tesouros do Egito; porque tinha em vista a recompensa". Tomada tal decisão, ficou claro que Moisés seria uma pessoa que ouviria com atenção quando o Senhor falasse. Quando veio o chamado ele se encontrava no deserto, tomando conta das ovelhas de seu sogro. Enquanto ali esteve, aprendeu a ouvir e obedecer a Deus .

Moisés foi escolhido como o homem com quem Deus poderia comunicar-se de maneira muito íntima. Êxodo 33.11 diz: "E falava o Senhor a Moisés face a face, como qualquer fala com o seu amigo...". Assim, Deus revelou a Moisés o grande plano para a construção do Tabernáculo, onde Ele habitaria no meio de Israel e da humanidade.

No tempo em que Israel foi libertado da servidão, eles tiveram a maravilhosa presença da coluna de nuvem de dia e da coluna de fogo à noite, para que soubessem que ali estava Deus. Porém, Deus queria um contato mais próximo e mais íntimo com eles. *Ele queria habitar entre eles*, daí o Tabernáculo. Ao ordenar a construção do Tabernáculo, o Senhor Deus fazia um apelo a Moisés e ao povo, pelo privilégio de habitar entre eles. Conforme a Bíblia declara em Êxodo 25.8: "E me farão um santuário, e habitarei no *meio deles*" (ênfase minha). Ele repete seu desejo em Êxodo 29.45,46: "*E habitarei no meio dos filhos de Israel e lhes serei por Deus*, e saberão que eu sou o Senhor, seu Deus, que os tenho tirado da terra do Egito, para habitar no meio deles; eu, o Senhor, seu Deus" (ênfase minha).

Este estudo do Tabernáculo mostra-nos o quanto Deus deseja encontrar-se conosco e quais são as exigências para encontrá-Lo e sermos levados à comunhão íntima e harmoniosa. Não era suficiente que Deus desejasse um lugar de habitação entre os filhos de Israel. Ele queria restaurar o relacionamento com eles de modo que uma vez mais Deus e o homem pudessem desfrutar de terna comunhão mútua.

Em Êxodo 25 a Bíblia começa a descrever o modo como o Tabernáculo deveria ser construído, a partir do Santo dos Santos e passo a passo para o átrio ou pátio externo, com suas colunas e cortinas. Do mesmo modo, o plano da salvação começa no coração de Deus e se estende até qualquer um que deseja vir a Ele, até alcançar os pontos mais longínquos da humanidade. Não obstante, neste breve sumário começaremos pelo lado de fora e nos encaminharemos para o Santo dos Santos, que é o caminho obrigatório do homem.

A santidade e retidão de Deus exclui o gênero humano decaído de aproximar-se dEle. Embora aquele imenso abismo ainda existisse entre Deus e homem, Ele não se deu por satisfeito e desejou que a reconciliação acontecesse. Em seu imenso amor, Deus quis fazer com que seu plano final da salvação fosse conhecido, mesmo quando Ele proferisse maldição sobre toda a criação. Quando Ele determinava à serpente o seu destino, interpôs estas palavras de profecia: "... Porquanto fizeste isso, maldita serás mais que toda besta e mais que todos os animais do campo; sobre o teu ventre andarás e pó comerás todos os dias da tua vida. E porei inimizade entre ti e a mulher e entre a tua semente e a sua semente; esta te ferirá a cabeça, e tu lhe ferirás o calcanhar" (Gn 3.14,15). Deus estava dizendo a Satanás que Ele não desistira da humanidade. O Tabernáculo e partes do culto eram outros meios de nos mostrar o caminho para Deus e aquEle que viria ferir a cabeça da serpente.

Como meros seres humanos, podemos achar difícil entender ou alcançar completamente o que Deus espera de nós, bem como o que devemos fazer para poder ficar de pé em sua santa presença e contemplá-Lo porque Ele é totalmente puro e santo. Este estudo do Tabernáculo serve para mostrar os meios pelos quais podemos ir a Deus, e Ele encontrar-se-á conosco. Permitamos, portanto, que Ele nos conduza para dentro de seu imenso plano de salvação, partindo do lado de fora do átrio e mostrando-nos o caminho, passo a passo, até que estejamos dentro do Santo dos Santos. Ele nos propocionará uma crescente compreensão de sua graça e amor, e nos propiciará partilhar uma terna amizade com Ele. Neste ponto perceberemos quão indignos e não merecedores somos de sua graça. Aqui, tornamo-nos apercebidos de nossa condição de perdidos sem Cristo; porém na medida em que nos deixamos conduzir, encontraremos o lugar da completa reconciliação e seremos restaurados a um maravilhoso relacionamento com Ele. Que idéia impressionante a de que Deus queira compartilhar conosco as coisas mais sagradas vindas direto de seu coração!

O Tabernáculo e sua construção, juntamente com a mobília, simbolizavam o plano final da salvação através de Jesus Cristo. O livro de Hebreus se refere ao Tabernáculo e ao seu culto enquanto ratifica a mensagem do Evangelho, revelada aqui neste cenário do Antigo Testamento. Nesta oportunidade faremos referência a apenas uma de tais passagens: *"... dando nisso a entender o Espírito Santo que ainda o caminho do Santuário não estava descoberto, enquanto se conservava em pé o primeiro tabernáculo, que é uma alegoria para o tempo presente,* em que se oferecem dons e sacrifícios que, quanto à consciência, não podem aperfeiçoar aquele que faz o serviço, consistindo somente em manjares, e bebidas, e várias abluções e justificações da carne, impostas até ao tempo da correção" (Hb 9.8-10; ênfase minha). Com este pensamento em mente, vamos abordar o estudo do Tabernáculo, bem como a nossa própria aproximação de Deus.

Capítulo 1

O Pátio do Tabernáculo

Deus disse a Moisés: "Farás também o pátio do tabernáculo; ao lado do meio-dia, para o sul, o pátio terá cortinas de linho fino torcido; o comprimento de cada lado será de cem côvados. Também as suas vinte colunas e as suas vinte bases serão de cobre; os colchetes das colunas e as suas faixas serão de prata. Assim também do lado do norte as cortinas na longura serão de cem côvados de comprimento; e as suas vinte colunas e as suas vinte bases serão de cobre; os colchetes das colunas e as suas faixas serão de prata. E na largura do pátio do lado do ocidente haverá cortinas de cinqüenta côvados; as suas colunas, dez, e as suas bases, dez. Semelhantemente, a largura do pátio do lado oriental, para o levante, será de cinqüenta côvados, de maneira que haja quinze côvados de cortinas de um lado: suas colunas, três, e as suas bases, três; e quinze côvados de cortinas do outro lado; as suas colunas, três, e as suas bases, três" (Êx 27.9-15).

Ao contemplarmos do lado de fora o desenho e a construção do Tabernáculo, surgem perguntas em nosso pensamento, tais como: "Se este é um lugar onde posso encontrar a Deus e Ele quer encontrar-se comigo, por que há um pátio ou uma área cercada ao redor deste lugar?". Este pátio, ou átrio, mede 100 côvados de comprimento e 50 côvados de largura (aproximadamente 50 por 25 metros). Em cada lado do pátio ficam 20 colunas e nas extremidades, 10 colunas. Estas situam-se sobre bases de bronze, sendo seus ganchos e vergas de prata. A altura destas colunas é de 5 côvados, ou 2 metros e 30 centímetros. Seria este pátio um obstáculo para manter o homem afastado do dom precioso que ele tanto necessita?

Enquanto se está parado no lado de fora do pátio, que é designado "o lugar onde Deus habita", este mesmo pátio torna-se uma zona de separação entre o homem e aquilo que Deus tem para ele. Isto significa que o pecador deve manter a distância? Deus, o Ser sagrado, é inatingível? Na antigüidade, o homem teve grandes dificuldades com esta questão. Ouçamos a Bildade, o suíta, quando este admoestava a Jó: "Como, pois, seria justo o homem perante Deus, e como seria puro aquele que nasce da mulher? Olha, até a lua não resplandece, e as estrelas não são puras aos seus olhos. E quanto menos o ho-

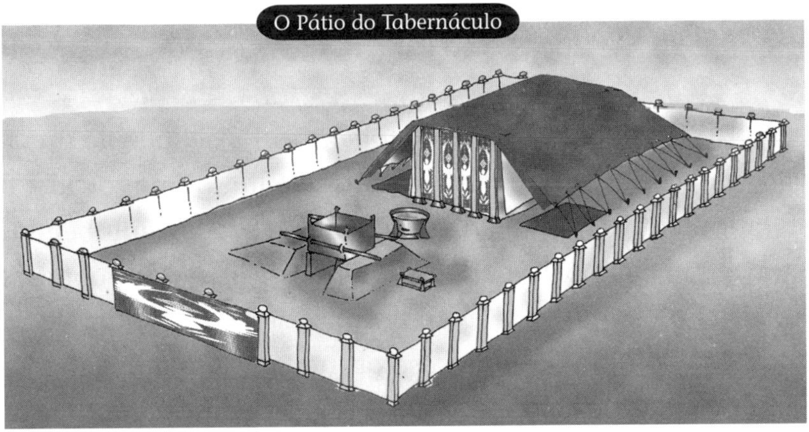

Extraído do mapa "O tabernáculo", CPAD.

mem, que é um verme, e o filho do homem que é um bicho!" (Jó 25.4-6). Mas Deus é acessível! Ele é amável e gentil, e deseja relacionar-se com o homem. Deus o chamou de "a coroa de sua criação", seres humanos criados à sua própria imagem. Deus fez o homem para governar toda a terra, todas as criaturas, dando-lhe o jardim do Éden para morar. Este seria o lugar onde o Senhor queria vir e relacionar-se amistosamente com o homem. O pecado foi a razão pela qual tal relacionamento quebrou-se, assim o homem foi expulso do Éden. O Senhor ordenou aos querubins que guardassem o jardim, não permitindo ali a entrada do homem para não comer da Árvore da Vida e viver para sempre em pecado. Portanto, este átrio não é para manter-nos fora, mas uma linha demarcatória que deve significar para nós: "Entrem, estou esperando por vocês".

Aqui, o Senhor está dizendo: "Quero encontrar-me contigo ali". Com este pensamento em mente, aprofundemo-nos neste estudo e você também o ouvirá dizer: "Quero encontrar-me contigo aqui".

As Cortinas do Pátio do Tabernáculo

"Farás também o pátio do tabernáculo; ao lado do meio-dia, para o sul, o pátio terá cortinas de linho fino torcido; o comprimento de cada lado será de cem côvados. Também as suas vinte colunas e as suas vinte bases serão de cobre; os colchetes das colunas e as suas faixas serão de prata. Assim também do lado do norte as cortinas na longura serão de cem côvados de comprimento; e as suas vinte colunas e as suas vinte bases serão de cobre; os colchetes das colunas e as suas faixas serão de prata. E na largura do pátio do lado do ocidente haverá cortinas de cinqüenta côvados; as suas colunas, dez, e as suas bases, dez. Semelhantemente, a largura do pátio do lado oriental, para o levante, será de cinqüenta côvados, de maneira que haja quinze côvados de cortinas de um lado: suas colunas, três, e as suas bases, três; e quinze côvados de cortinas do outro lado; as suas colunas, três, e as suas bases, três" (Êx 27.9-15).

Estas cortinas são de linho fino torcido, simbolizando a pureza em meio a um mundo de impurezas e pecado. O linho branco é um símbolo de Cristo em toda sua pureza, mas nem ainda esta cortina pode falar-nos integralmente da pureza de Jesus. Tivesse Ele apenas uma mácula sobre si, e não poderia ter sido nosso Salvador. Ele é puro. Jesus disse: "Quem dentre vós me convence de pecado?..." (Jo 8.46). Pilatos disse: "... não acho nele crime algum" (Jo 18.38). Com grande remorso, mas sem proveito algum, Judas gritou: "Pequei, traindo sangue inocente..." (Mt 27.4). Pedro, o apóstolo, escreveu designando-o como aquele que "... não cometeu pecado..." (1 Pe 2.22). Ali, em meio ao deserto, esta cortina de linho branco nos revela que este tema centraliza-se em torno de pureza e santidade. Logo vem a pergunta: "Como podemos nós, pecadores imundos, entrar na presença de um Deus tão Santo e achar favor perante Ele?". A resposta está no Tabernáculo e sua mobília, que nos mostram o caminho de volta para Deus e para o relacionamento com Ele.

Olhemos para aquelas colunas do pátio que prendem as cortinas de linho branco. Êxodo 27.17 nos diz que todas serão cingidas de vergas de prata, que terão ganchos de prata e bases de bronze. O bronze representa o juízo contra o pecado e a prata representa o preço da redenção pago em nosso favor. Colocamo-nos sobre base sólida se sabemos que nosso pecado foi julgado e que estamos redimidos, não pela prata ou ouro, mas pelo sangue de Jesus. O propósito destas colunas é sustentar o linho branco, formando um "átrio" ao redor de todo o Tabernáculo. Assim, devemos assumir em nosso conceito toda a justiça de Jesus Cristo. As colunas não eram estáveis por si mesmas, cada uma se apoiava numa fundação de bronze que lhes dava sustentação, firmeza e força.

De que são feitas as colunas? A Bíblia não diz, mas presume-se que eram feitas de madeira de acácia (ou cetim), porque esta foi a madeira usada do início ao fim no plano do

Tabernáculo. É bom saber que o tipo de madeira não foi mencionado neste caso. Não é importante saber que tipo de material foi usado na confecção das colunas. Deus pode pegar um material fraco e fazer dele algo útil. O ponto principal é que eu sou uma coluna apoiada numa fundação de bronze e meu coração e mente estão renovados com a redenção representada pela prata. Isto é o que irá qualificar-me para estar em companhia do povo do Senhor, assumindo a sua justiça. Então, o tipo de madeira não importa. Tampouco importa de que nacionalidade, raça ou cultura tenhamos vindo, porque somos todos unificados em Cristo. "Porque ele é a nossa paz, o qual de ambos os povos fez um; e, derribando a parede de separação que estava no meio, na sua carne, desfez a inimizade, isto é, a lei dos mandamentos, que consistia em ordenanças, para criar em si mesmo dos dois um novo homem, fazendo a paz, e, pela cruz, reconciliar ambos com Deus em um corpo, matando com ela as inimizades" (Ef 2.14-16). Estas colunas foram formadas a partir de árvores que vieram de todas os tipos de condição e lugares, mas agora estão todas ocupando os espaços que lhes foram designados. Cada coluna deve fazer sua parte. De acordo com algumas traduções, as colunas eram conectadas umas às outras por meio de bastões; assim, nenhuma ficava só, mas cada uma ajudava a suster a outra. Isto deu ao átrio uma conformação forte. Um membro não pode falar a outro: "Eu não preciso de você". Nós ajudamos a sustentar nosso irmão ou irmã quando passam por provações?

Eram colunas simples, comuns, mas cada uma fazendo a parte que lhe cabia. Não eram necessariamente talentosas, mas úteis. Eu sou uma carga ou um carregador de cargas? Eu ministro a outros ou espero que outros ministrem a mim?

Aqui, Deus nos dá uma lição de justificação. O arranjo completo de colunas em torno do pátio pode ser considerado como uma linha de distinção entre o que é areia comum do deserto e o pátio do Tabernáculo. Sua responsabilidade era suster as belas cortinas de linho branco. Olhando para as colunas, o observador crítico rapidamente encontra algo que o desagrade. Primeiro, pensaria ele: "Se este é um lugar tão sagrado, por que estas simples colunas ficam aqui no lado de fora onde todos vêem suas imperfeições?". Seus troncos mostram as marcas e cicatrizes que receberam do clima agreste quando eram árvores plantadas no deserto. Esta primeira lição é simplíssima: "... justiça de Deus pela fé em Jesus Cristo para todos e sobre todos os que crêem; porque não há diferença. Porque todos pecaram e destituídos estão da glória de Deus; *sendo justificados gratuitamente pela sua graça,* pela redenção que há em Cristo Jesus" (Rm 3.22-24; ênfase minha). "Sendo, pois, justificados pela fé, temos paz com Deus por nosso Senhor Jesus Cristo" (Rm 5.1). A beleza repousa nisto: quando o pecador vem a Jesus Cristo em humilde confissão e arrependimento, há perdão TOTAL. "Se confessarmos os nossos pecados, ele é fiel e justo para nos perdoar os pecados e nos purificar de toda injustiça" (1 Jo 1.9). Tal pessoa tem todo o direito, a partir daquele momento, de permanecer junto aos redimidos de Deus, erguendo a bandeira do Senhor. As cicatrizes e marcas da vida passada podem ainda ser vistas no exterior, porém recebamos tal pessoa sem reservas. Sua posição em Cristo é perfeita, não obstante seu caráter e seu caminhar com o Senhor tenham ainda de ser refinados e feitos em conformidade com a natureza de Cristo. Devemos abrir nossos corações a tais pessoas, amando-as e sustentando-as com sinceras orações no sentido de que o trabalho iniciado nelas continue até o dia do Senhor Jesus Cristo. "Concluímos, pois, que o homem é justificado pela fé, sem as obras da lei" (Rm 3.28).

Paulo enfatiza ainda mais esta verdade: "Àquele que não conheceu pecado, o fez pecado por nós; para que, nele, fôssemos feitos justiça de Deus" (2 Co 5.21); "... e que não sois de vós mesmos? Porque fostes comprados por bom preço; glorificai, pois, a Deus no vosso corpo..." (1 Co 6.19,20). A prata para as vergas e ganchos vieram do dinheiro da expiação. Cada homem, de vinte anos para cima, deveria trazer meio siclo de prata quando: "... cada um deles dará ao Senhor resgate da sua alma, quando os contares..." (Êx 30.12). "E tomarás o dinheiro das expiações dos filhos de Israel, e o darás ao serviço da tenda da congregação; e será para memória aos filhos de Israel diante do Senhor, para fazer expiação por vossas almas" (v. 16). Uma parte desta prata foi usada para fabricar as vergas ao redor do topo das colunas.

A Bíblia Alemã Luterana diz apenas: "As colunas tinham cabeças de prata". "De sorte que haja em vós o mesmo sentimento que houve também em Cristo Jesus" (Fp 2.5). A não ser pelo bronze e pela prata, as colunas eram apenas madeira natural. 1 Coríntios 1.2 fala de três tipos de cristãos: os santificados, os chamados para ser santos e aqueles que invocam o nome de Jesus.

A Entrada ou Porta

"E à porta do pátio haverá uma coberta de vinte côvados, de pano azul, e púrpura, e carmesim, e de linho fino torcido, de obra de bordador; as suas colunas, quatro, e as suas bases, quatro" (Êx 27.16). (Ver também Êx 38.18,19.)

Nosso Deus deu-nos uma entrada, um portão que conduz ao domínio sagrado e misterioso onde podemos vir e encontrá-Lo. Este portão tinha 20 côvados, ou 10 metros de largura, e 5 côvados, ou 2 metros e meio de altura. Quatro colunas sustinham a cortina especial de estofo azul, púrpura, carmesim e linho fino torcido, com trabalho de bordador. O portão deve ser de tamanho suficiente para a multidão entrar, "quem quiser, pode vir". O portão serve a dois propósitos. Ele serve para receber o errante cansado de pecar, que entra através dele e encontra paz e repouso. E ao mesmo tempo serve como uma segurança para manter o não arrependido e rebelde do lado de fora. Uma porta ou portão serve a dois propósitos: um obstáculo ao intruso, mas uma entrada receptiva ao amigo.

Este portão consiste em quatro colunas ou pilares. Os números tem significado especial nas Escrituras. Por exemplo, o número três significa ressurreição; quatro, vida; cinco quer dizer graça; seis é o número do homem; sete é perfeição e oito representa reinício. Há muitos outros números que têm significado nas Escrituras. Lidamos aqui com quatro colunas que falam de vida. Jesus disse: " Eu sou a porta; se alguém entrar por mim, salvar-se-á, e entrará, e sairá, e achará pastagens" (Jo 10.9). Em João 11.25,26, ouvimos Jesus dizer: "Eu sou a ressurreição e a vida; quem crê em mim, ainda que esteja morto, viverá; e todo aquele que vive e crê em mim nunca morrerá. Crês tu isso?".

A porta é uma entrada para a vida. Ao redor do santuário ficavam colunas com bases de bronze e em suas extremidades superiores havia vergas e coroas de prata com linho branco suspenso em cada uma. Tais colunas impediam o caminho até Deus? Não! Em seu plano divino, Ele providenciou um portal, UMA PORTA. Uma porta serve a dois propósitos. Ela é uma barreira para você ou uma entrada? "Disse-lhe Jesus: Eu sou o caminho, e a verdade, e a vida. Ninguém vem ao Pai senão por mim" (Jo 14.6). Você tem a chave para entrar? As quatro colunas deste portão sustentavam-se sobre bases de bronze e tinham vergas e ganchos de prata. Os quatro evangelhos tornam esta mensagem bem clara: Jesus disse: "Aquele que vem a mim, de modo algum o lançarei fora".

A Cortina da Entrada

"E à porta do pátio haverá uma coberta de vinte côvados, de pano azul, e púrpura, e carmesim, e de linho fino torcido, de obra de bordador..." (Êx 27.16). As quatro cores da cortina apontam para Jesus, nosso Salvador.

O azul fala do que é celestial. Jesus veio do céu. Quando Ele falava sobre o céu, referia-se a algo que lhe era muito familiar. Enquanto Ele esteve na terra, ainda assim viveu uma vida celestial. Através da leitura dos evangelhos podemos ver como é Deus e como é o céu. Uma pergunta me vem à mente: "Que vida celestial vivo eu aqui na terra?". Será que eu posso dizer que a minha "... cidade está nos céus..." (Fp 3.20)?

A púrpura lembra-nos de sua realeza. Pilatos questionou o Senhor com respeito a isto: "... Logo tu és rei?". Jesus respondeu: "... Eu para isso nasci..." (Jo 18.37). Não foram muitos que reconheceram sua realeza enquanto Ele esteve na terra. O cego pode ver melhor do que aqueles que enxergavam, porque clamou: "... Jesus, Filho de Davi, tem misericórdia de mim!" (Mc 10.47). Houve também uma mulher pecadora que, vindo por trás, lavou-lhe os pés com suas lágrimas. Ela também o reconheceu como Majestade. Que eu possa sempre reconhecê-Lo como a maior das majestades.

DEle falou Paulo em Filipenses 2.9-11: "Pelo que também Deus o exaltou soberanamente e lhe deu um nome que é sobre todo o nome, para que ao nome de Jesus se dobre todo joelho dos que estão nos céus, e na terra, e debaixo da terra, e toda língua confesse que Jesus Cristo é o Senhor, para glória de Deus Pai". Ele esvaziou-se desta glória enquanto esteve na terra, mas agora se assenta à direita do Pai. "E, sem dúvida alguma, grande é o mistério da piedade: Aquele que se manifestou em carne foi justificado em espírito, visto dos anjos, pregado aos gentios, crido no mundo e recebido acima, na glória" (1 Tm 3.16).

A terceira cor, escarlate (ou carmesim), fala-nos de seu sofrimento. A palavra "escarlate" é a combinação de duas palavras hebraicas. Em Salmos 22.6, a palavra *laath* é traduzida como "verme". "Mas eu sou verme, e não homem, opróbrio dos homens...". Também, em Isaías 1.18 onde se lê: "... ainda que os vossos pecados sejam como a escarlata, eles se tornarão brancos como a neve...". A palavra *shahl* é traduzida como "escarlata". Ele é o verme que sofre, todo ferido e ensangüentado. Apocalipse 19.13 diz: "E estava vestido de uma veste salpicada de sangue, e o nome pelo qual se chama é a Palavra de Deus".

A outra cor, o branco, é o linho fino torcido. É entretecido com o azul, a púrpura e o escarlate. Satanás tentou maculá-Lo com a tentação. Os ímpios tentaram enganá-Lo com escárnios e ameaças, mas Ele permaneceu imaculado. "O qual não cometeu pecado, nem na sua boca se achou engano" (1 Pe 2.22). Ali está Ele, a porta, o portal da vida eterna e da relação com Deus. Não basta que possamos descrever o portão, precisamos entrar agora e sermos participantes da misericórdia e da graça de Deus.

Capítulo 2

O Altar de Bronze

Deus instruiu Moisés: "Farás também o altar de madeira de cetim; cinco côvados será o comprimento, e cinco côvados, a largura (será quadrado o altar), e três côvados, a sua altura. E farás as suas pontas nos seus quatro cantos; as suas pontas serão uma só peça com o mesmo, e o cobrirás de cobre. Far-lhe-ás também as suas caldeirinhas, para recolher a sua cinza, e as suas pás, e as suas bacias, e os seus garfos, e os seus braseiros; todos os seus utensílios farás de cobre. Far-lhe-ás também um crivo de cobre em forma de rede, e farás a esta rede quatro argolas de metal aos seus quatro cantos, e as porás dentro do cerco do altar para baixo, de maneira que a rede chegue até ao meio do altar. Farás também varais para o altar, varais de madeira de cetim, e os cobrirás de cobre. E os varais se meterão nas argolas, de maneira que os varais estejam de ambos os lados do altar quando for levado. Oco, de tábuas, o farás; como se te mostrou no monte, assim o farão" (Êx 27.1-8). (Ver também Êx 38.1-7.)

Situamo-nos aqui dentro do átrio do Tabernáculo, o deserto e o mundo ficam de fora. Diante de nós há uma revelação expandindo-se de modo crescente, de nosso maravilhoso Senhor e seu plano da salvação. Não tivemos de escalar por sobre as cortinas nem rastejar por debaixo delas, o que nos teria desqualificado. "Na verdade, na verdade vos digo que aquele que não entra pela porta no curral das ovelhas, mas sobe por outra parte, é ladrão e salteador" (Jo 10.1). Adiante, o versículo 9 diz: "Eu sou a porta; se alguém entrar por mim, salvar-se-á, e entrará, e sairá, e achará pastagens". Ninguém pode entrar por outrem. Devemos entrar trazendo a carga de nossos pecados ao altar. Ainda hoje a porta está aberta, e o Pai espera e deseja ardentemente que o errante retorne.

Quando as dobras da cortina voltam ao seu lugar após passarmos, nos deparamos com outro ambiente. O mundo com suas cargas, preocupações e desapontamentos ficou para trás. Está fechado lá fora. Diante de nós está o maravilhoso plano de Deus. É aqui que Ele revela seu plano para a nossa total e completa salvação e mostra-nos como podemos ser reconciliados com Ele. Aqui se aprende o significado de "reconciliação". Podemos encontrar-nos com Deus e descobrirmos que Ele não é nosso inimigo, ao contrário, nos ama e cuida de nós.

O Altar é a primeira e maior peça no átrio externo do Tabernáculo. Mede 5 côvados quadrados por três de altura, ou 2 metros e meio por 1 metro e meio de altura. Era confeccionado de madeira de acácia e coberto com latão ou bronze. Como dissemos anteriormente, o bronze, nas Escrituras, nos fala de julgamento. Aqui é julgado o nosso pecado. Este Altar não é de madeira sem latão ou latão sem madeira, mas os dois juntos. A madeira de acácia simboliza a humanidade e natureza de Cristo, enquanto o latão com o qual o Altar é revestido é o julgamento correto do pecado. Isto nos fala de justiça divina, não humana, que pode errar e causar dano. O julgamento de Deus é sempre justo e final. "porque o salário do pecado é a morte..." (Rm 6.23); "... a alma que pecar, essa morrerá" (Ez 18.4). Quando olhamos para este Altar, uma outra cena nos vem à mente: Coré e seu grupo de rebeldes, que, insubordinadamente, resistiram às palavras de Moisés. Atendendo à ordem divina, eles, juntamente com Arão, trouxeram incensários com incenso perante o Senhor; Ele mostraria quem estava certo e quem não estava.

O fogo de Deus desceu e devorou Coré e seus homens até que apenas os incensários sobraram em meio às cinzas. Eleazar, o sacerdote, recolheu os incensários de bronze e sob direção de Moisés, orientado por Deus, transformou-os em lâminas para cobrir o Altar. Isto foi feito para lembrar aos israelitas que ninguém, exceto os descendentes de Arão, deveria queimar incenso na presença do Senhor, ou então sofreria o mesmo destino de Coré e seus seguidores (ver Nm 16.39,40). Atentemos para o aspecto divino, o qual nos fala de Jesus, que tomou sobre si mesmo o julgamento de nossos pecados. "Verdadeiramente, ele tomou sobre si as nossas enfermidades e as nossas dores levou sobre si; e nós o reputamos por aflito, ferido de Deus e oprimido. Mas ele foi ferido pelas nossas transgressões e moído pelas nossas iniqüidades; o castigo que nos traz a paz estava sobre ele, e, pelas suas pisaduras, fomos sarados" (Is 53.4,5). "Porque todos pecaram e destituídos estão da glória de Deus, sendo justificados gratuitamente

O Altar de Bronze

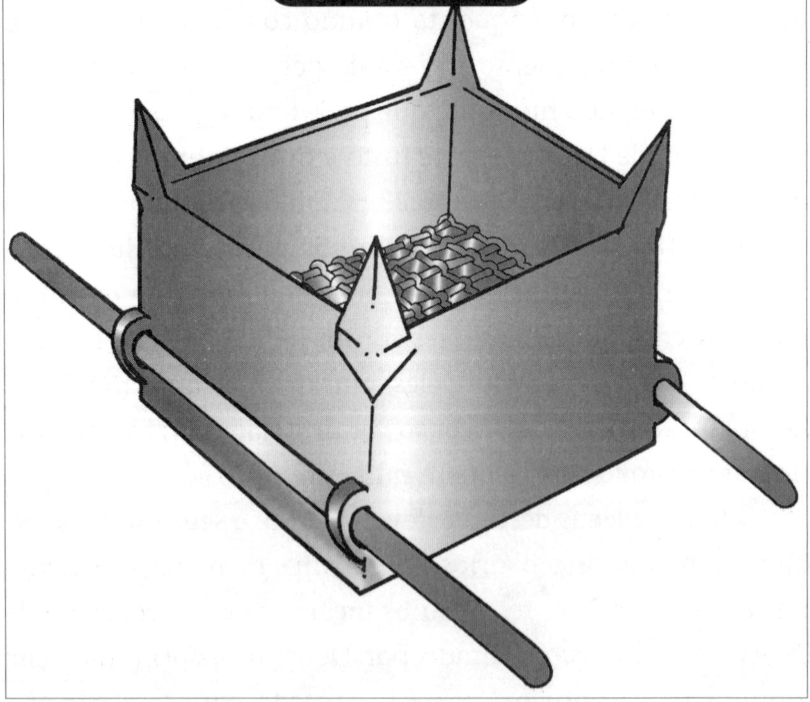

Extraído do mapa "O tabernáculo", CPAD.

pela sua graça, pela redenção que há em Cristo Jesus" (Rm 3.23,24).

O Altar é quadrado. Considere o significado dos quatro lados da nossa Salvação:

Perdão: Não importando o quanto o pecado tenha manchado a alma, Isaías 1.18 diz: "Vinde, então, e argüi-me, diz o Senhor; ainda que os vossos pecados sejam como a escarlata, eles se tornarão brancos como a neve; ainda que sejam vermelhos como o carmesim, se tornarão como a branca lã".

Substituição: "... mas o Senhor fez cair sobre ele a iniqüidade de nós todos" (Is 53.6).

Reconciliação: "Porque há um só Deus e um só mediador entre Deus e os homens, Jesus Cristo, homem" (1 Tm 2.5).

Libertação: Cristo nos libertou. "Se, pois, o Filho vos libertar, verdadeiramente, sereis livres" (Jo 8.36).

Quatro Chifres no Altar

Deus ordenou a Moisés: "E farás as suas pontas nos seus quatro cantos; as suas pontas serão uma só peça com o mesmo, e o cobrirás de cobre" (Êx 27.2).

Os quatro chifres apontando para as quatro direções nos informam que a sua salvação alcançará os confins da terra. "Olhai para mim, e sereis salvos, vós, todos os termos da terra; porque eu sou Deus, e não há outro" (Is 45.22). Os chifres também representam poder. "... e dará força ao seu rei, e exaltará o poder do seu ungido" (1 Sm 2.10).

Adonias temeu por sua vida após sua conspiração para usurpar o trono a Salomão e procurou refúgio na casa do Senhor agarrando-se aos chifres do altar (ver 1 Rs 1.50-53). Joabe, o homem de guerra, também foi ao altar segurar-lhe nos chifres, quando temeu as conseqüências de seus feitos (ver 1 Rs 2.28). Nenhum dos dois encontrou a ajuda que queria, porque na realidade buscaram misericórdia do homem, não de Deus. Nenhum dos dois trouxe a oferta de expiação pelo pecado prescrita por Deus.

De onde vem este poder dos chifres? O sangue do sacrifício era aspergido sobre eles. Os chifres significam poder para nos livrar da servidão do pecado, bem como proteger-nos por causa da aplicação do sangue (ver Lv 4.1-7). Aqui está a necessidade do pecador e o amor do Salvador em libertar e perdoar. Havia uma variedade de utensílios para usar no Altar, todos feitos de bronze: recipientes para remoção de cinzas, pás, bacias, garfos e braseiros. O crivo para o Altar também era de bronze (ver Êx 27.3,4).

O Altar tinha quatro anéis de bronze, um em cada canto. Dois varais a serem cobertos de bronze eram usados para transportar o altar (ver Êx 27.4-7).

É neste Altar que o homem encontra-se com Deus pela primeira vez. O pecador pode vir com todo o seu pecado e encontrar o perdão. Aqui está a reconciliação com um Deus que é santo. Quem é amigo de Deus pode vir e fazer uma consagração maior e mais completa. A pessoa pode vir com o coração cheio de agradecimento e humilde louvor a Deus, trazer uma oferta e descobrir que esta é agradável ao Senhor. Aqui, se encontram o celestial e o terreno. Um dia o céu revelará o que ocorre com o coração humano quando alguém vem a este altar. Este é um lugar sagrado.

Vamos nos deter um pouco neste lugar. A maior atividade centraliza-se em torno desta peça, no átrio diante do Tabernáculo.

Todos devem parar aqui, sejam grandes ou pequenos, ricos ou pobres, sacerdotes ou camponeses. Ninguém pode passar distante deste Altar e dirigir-se a outros lugares e praticar outros atos de adoração. Por exemplo, sigamos a um homem que se prepara para vir perante o Senhor e ser aliviado de sua carga de pecado, reconciliando-se com Deus. Vamos chamá-lo Josias, um dos anciãos da tribo de Benjamim. Seu coração tem estado pesado há vários dias porque sabe que pecou contra o Senhor Deus. Seu pecado não foi levado ao conhecimento de Moisés e dos anciãos, mas ele bem sabe o quanto falhou com o seu Deus. Portanto, ele vai até onde os pastores tomam conta das manadas, informa-se sobre quais animais lhe pertencem, porque têm sua marca. Ali escolhe o melhor dentre seus bodes, põe uma corda ao redor do pescoço do animal e volta ao acampamento trazendo-o amarrado.

Sendo um benjamita, sua tribo está sempre acampada atrás do Tabernáculo, na parte noroeste do acampamento (Nm 2.18-24). Assim, ele tem de caminhar com o bode em torno do acampamento para poder entrar pela frente. Todas as pessoas o vêem caminhar vagarosamente, com a cabeça baixa em direção ao Tabernáculo. Ele tem de passar entre os acampamentos das tribos de Zebulom e Judá. Passando em frente às tendas, as pessoas observam que ele traz uma oferta pelo pecado. Ele não se detém. Passa em seguida pelas tendas de Moisés e Arão, entra pelo portão do átrio e se detém diante do altar. O sacerdote verifica se o bode é perfeito e se está em ótimo estado de saúde. Então o homem, com a cabeça baixa e os olhos marejados de lágrimas, confessa seu pecado enquanto põe suas mãos sobre a cabeça do animal. O sacerdote estende a faca para sacrificar seu favorito e melhor animal. Ele terá de ver como o inocente sofrerá em conseqüência de seu pecado, verá o animal passar pelos espasmos da morte. O sangue é colhido em um vaso e o sacerdote o leva para a Tenda da Congregação e borrifa um pouco do sangue perante o Senhor, diante da cortina (ver Lv 4.17). (Isto tipifica Jesus apresentando seu sangue perante o Pai, em nosso favor.)

Então o sacerdote põe um pouco do sangue nos chifres do Altar, e o resto é derramado junto a base deste. (Cristo derramou sua vida por nós.) Removerá então toda gordura, juntamente com os rins e fígado, que serão usados como oferta pelo pecado, para fazer expiação por ele. O que resta do animal será levado para fora do acampamento, a um lugar cerimonialmente limpo e queimado com fogo sobre lenha, onde se lança a cinza. Diz o Senhor: "Ele será perdoado". Que retrato de Jesus! O Calvário já estava nos planos do Pai desde então.

Neste Altar muitas ofertas diferentes foram trazidas perante o Senhor:

A oferta de holocaustos (ver Lv 1; 6.8-13; 8.18-21; 16.24);

A oferta de manjares (ver Lv 2; 6.14-23);

A oferta pacífica (ver Lv 3; 7.11-34);

A oferta pelo pecado (ver Lv 4.1; 5.13; 6.24-30; 8.14-17; 16.3-22);

A oferta pela culpa (ver Lv 5.14; 6.7; 7.1-6).

Havia diferentes ofertas pelo pecado, dependendo da pessoa e do ato praticado. A promessa do Senhor era: "Ele será perdoado", mas tudo indicava a vinda do Salvador que levaria sobre si os pecados do mundo.

Façamos uma pausa, um pouco mais longa, e observemos um tipo de oferta que é muito importante para um caminhar abençoado com Cristo.

Capítulo 3

A Oferta de Holocausto

O altar não é o único lugar para o pecador vir com o seu pecado e reconciliar-se com Deus. Após alcançar aquele primeiro passo, o segundo tem a mesma importância, qual seja, uma vida que é consagrada ao Senhor. Nós cantamos ao Senhor: "Tudo entregarei", mas, entregamos tudo mesmo? Paulo faz um forte apelo aos cristãos em Roma: "Rogo-vos, pois, irmãos, pela compaixão de Deus, que apresenteis o vosso corpo em sacrifício vivo, santo e agradável a Deus, que é o vosso culto racional" (Rm 12.1). Depois de resolvida a questão do pecado, é de fundamental importância que o crente se entregue totalmente ao Senhor. A oferta de holocausto nos faz perceber o significado de uma entrega total.

O livro de Levítico nos dá detalhes de várias ofertas. Começa com o sacrifício da oferta de holocausto. Observemos que é o próprio Senhor quem chamou Moisés da Tenda da Congregação, e esta foi sua primeira ordem. Todo o capítulo 1 de Levítico é devotado à oferta de holocausto. Ele está dizendo para mim: "Não me dês apenas teu coração, mas dá-me também tua força, teu amor, tua devoção, tua vontade, tua vida. Dá-me teu tudo".

Para começar, devemos dizer que Cristo foi a perfeita oferta de holocausto. Foi Ele, o consagrado, que disse: "Deleito-me em fazer a tua vontade, ó Deus meu; sim, a tua lei está dentro do meu coração" (Sl 40.8); "A minha comida é fazer a vontade daquele que me enviou e realizar a sua obra" (Jo 4.34); e "... porque não busco a minha vontade, mas a vontade do Pai, que me enviou" (Jo 5.30). Também em João 17.4, na grande oração sacerdotal, Ele disse: "Eu glorifiquei-te na terra, tendo consumado a obra que me deste a fazer". Na cruz, uma de suas últimas elocuções foi: "Está consumado". Certamente, a Salvação estava completa para nós. Jesus foi a primeira oferta de holocausto perfeita trazida perante Deus.

Cristo foi a oferta de holocausto. Ele nasceu para que pudéssemos renascer, Ele morreu para que pudéssemos morrer para o pecado e viver nEle, Ele ressuscitou para que pudéssemos conhecer o poder de sua ressurreição em nossas vidas. "E, se o Espírito daquele que dos mortos ressuscitou a Jesus

O Altar e a Pia de Bronze

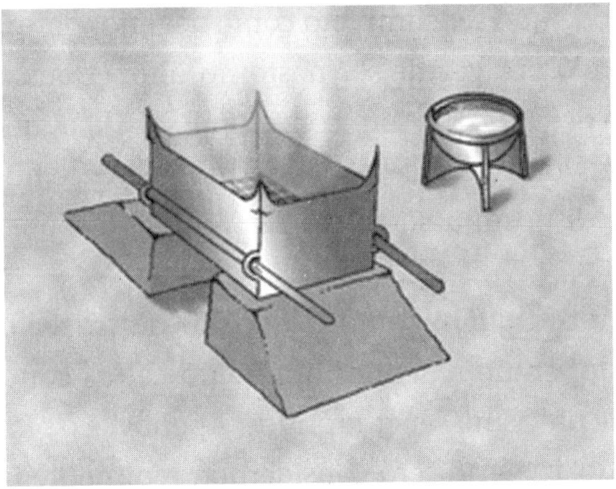

Extraído do mapa "O Tabernáculo", CPAD.

habita em vós, aquele que dos mortos ressuscitou a Cristo também vivificará os vossos corpos mortais, pelo seu Espírito que em vós habita" (Rm 8.11).

Ele foi a oferta de holocausto, mas eu devo ser um sacrifício vivo. Permaneçamos ainda diante deste altar e ouçamos o que Ele tem a dizer. Será que você consegue ouvi-lo quando Ele mansamente pergunta: "Tudo isto fiz por ti, agora o que vais tu fazer?".

A oferta de holocausto deve ser totalmente voluntária. O Senhor não compele, constrange ou manipula. Ele quer a tua e a minha reação vinda de um coração puro, amorosamente confiante nEle. Isto é muito maior do que o amor por si mesmo. Estou disposto a assinar um cheque em branco e entregar-lhe? Se eu hesitar em fazê-lo, seria um indício de que a minha confiança nEle não é completa. Eu não preciso temer as exigências de Deus quando faço uma consagração incondicional a Ele. Ele não se aproveitará para punir-me. Não.

Em vez disso, eu é que devo ser cuidadoso ou minha consagração pode não ser completa como deveria, porque algo está sendo retido em vez de ser posto no altar. Deus não irá lhe punir se você for a Ele sem compromisso. Ele o ama demais e não tirará vantagem de você, mesmo que você não esteja totalmente disposto a sacrificar-se. Você se dispõe a se tornar disposto?

Quando alguém toma a decisão de trazer a oferta de holocausto, então o Senhor apresenta certas condições prescritas, que precisam ser cumpridas. Apenas se o plano de Deus for seguido, a oferta será considerada realmente holocausto.

A exigência dEle nunca vai além da habilidade ou dos meios da pessoa. Levítico 1 menciona três animais diferentes que poderiam ser oferecidos como oferta de holocausto, sempre de acordo com os meios ou habilidade da pessoa. No versículo 3 diz: "Se a sua oferta for holocausto de gado, oferecerá macho sem mancha...". Adiante, no versículo 10 diz: "E, se a sua oferta for de gado miúdo, de ovelhas ou de cabras, para holocausto, oferecerá macho sem mancha". "E, se a sua oferta ao Senhor for holocausto de aves, oferecerá a sua oferta de rolas ou de pombinhos" (v. 14). Sendo o ofertante uma pessoa de posses, ele deveria trazer um dos touros de seus rebanhos. Caso o ofertante fosse mais limitado em suas posses, ele traria um carneiro ou cabrito sem defeito. Se o ofertante fosse de poucos recursos, ele poderia apresentar-se com rolas ou pombos. Cada uma destas ofertas seria aceitável ao Senhor porque cada ofertante daria o melhor de si. Jesus nos diz em Lucas 12.48: "... a qualquer que muito for dado, muito se lhe pedirá, e ao que muito se lhe confiou, muito mais se lhe pedirá". O Senhor não olha para o montante do cheque; Ele olha para o saldo da conta.

A oferta será sem defeito. Jesus foi tal oferta. Daí, porém, nos advém o sentimento de que nunca seremos uma oferta aceitável porque não somos perfeitos. Não, eu não sou perfeito, mas minha consagração pode ser. Cristo pode fazê-la completa. Ele faz a diferença. A perfeição de Cristo cobre as minhas imperfeições. Em João 17.19, Jesus orou: "E por eles me santifico a mim mesmo...". Podemos pedir a Jesus que nos inclua nesta oração. Se nos colocarmos no altar sem reservas, aí teremos o cumprimento da palavra do próprio Senhor. É o altar que santifica o sacrifício (ver Mt 23.19). Abel ofereceu um sacrifício mais excelente do que Caim (ver Gn 4.4 e Hb 11.4,5). Deus teve respeito por Abel e sua oferta. Terá sido porque Abel trouxe um cordeiro com um sacrifício de sangue e Caim um fruto do seu trabalho? Se Caim houvesse trazido uma oferta semelhante à de Abel, ainda assim não seria aceita, porque seu coração não era reto. 1 João 3.12 diz: "Não como Caim, que era do maligno e matou a seu irmão. E por que causa o matou? Porque as suas obras eram más, e as de seu irmão, justas". Caim não poderia trazer um sacrifício aceitável por motivo da condição maligna do seu coração. Jesus é aquEle que nos faz aceitáveis perante Deus. Ouça o que diz o Senhor: "... nos predestinou para filhos de adoção por Jesus Cristo, para si mesmo, segundo o beneplácito de sua vontade, para louvor da glória da sua graça, pela qual nos fez agradáveis a si no Amado" (Ef 1.5,6). "Porque, assim o que santifica como os que são santificados, são todos de um; por cuja causa não se envergonha de lhes chamar irmãos" (Hb 2.11).

O Cordeiro Deveria Morrer

Esta oferta é uma oferta de holocausto completa. Todo o sacrifício deve ser consumido pelo fogo, nada pode ser retido. Ananias e Safira deram uma grande oferta, mas *não tudo* conforme disseram. O julgamento trouxe-lhes uma morte rápida. Barnabé deu tudo e tornou-se um filho da consolação (ver At 4.36,37). Ele tornou-se um homem muitíssimo usado por Deus.

"Se o grão de trigo, caindo na terra, não morrer, fica ele só..." (Jo 12.24). A grande verdade para mim, como crente, é que Cristo foi para a cruz por mim. A conseqüência daquilo é que: "... estou crucificado com Cristo; e vivo, não mais eu, mas Cristo vive em mim..." (Gl 2.20). Eu sou comprado por um preço, assim, não devo reter nada do que Ele comprou. Um sacrifício não pode ser uma oferta de holocausto aceitável se uma porção é retida.

O Fogo Arderá Continuamente

"... Esta é lei do holocausto: o holocausto será queimado sobre o altar toda a noite até pela manhã, e o fogo do altar arderá nele" (Lv 6.9). "O fogo arderá continuamente sobre o altar; não se apagará" (Lv 6.13). Nada morno ou requentado irá servir, para que não venhamos ser parte da igreja de Laodicéia: "... vomitar-te-ei da minha boca" (Ap 3.16). Os dois discípulos que Jesus encontrou no caminho de Emaús, naquela manhã de Páscoa, disseram: "... não ardia em nós o nosso coração... quando nos abria as Escrituras?" (Lc 24.32). Eu quero ser aquela oferta de holocausto, com o fogo do amor de Deus sempre queimando dentro de mim e me motivando. Os querubins são criaturas celestes, sempre diante do Senhor em adoração e serviço. Querubim significa "incandescente".

Oh, Igreja de Jesus Cristo, nós precisamos de poder de fogo. Precisamos do fogo que purifica. "Cria em mim, ó Deus, um coração puro..." (Sl 51.10). O dia virá em que todas as nossas obras serão provadas pelo fogo (ver 1 Co 3.12-15). O fogo refina, "Assentar-se-á, afinando e purificando... purificará os filhos de Levi..." (Ml 3.3). A escória será destruída e o fogo se propagará, tal como com a Igreja Primitiva. João Batista bradou: "Eu, na verdade, batizo-vos com água, mas eis que vem aquele que é mais poderoso do que eu, a quem eu não sou digno de desatar a correia das sandálias; este vos batizará com o Espírito Santo e *com fogo*" (Lc 3.16; ênfase minha).

Ao observarmos consumir o sacrifício somos lembrados da Palavra de Deus que nos é dada em 1 Coríntios 3.12-15: "E, se alguém sobre este fundamento formar um edifício de ouro, prata, pedras preciosas, madeira, feno, palha, a obra de cada um se manifestará; na verdade o Dia a declarará, porque pelo fogo será descoberta; e o fogo provará qual seja a obra de cada um. Se a obra que alguém edificou nessa parte permanecer, esse receberá galardão. Se a obra de alguém se queimar, sofrerá detrimento; mas o tal será salvo, todavia como pelo fogo".

A madeira e o sacrifício produzem cinzas, e estas tem de ser carregadas para longe (ver Lv 6.10-12). O fogo tem de ser constantemente atiçado para que não se apague (v. 12). O fogo do altar deve ser mantido ardendo; ele não pode se extinguir, e todo o sacrifício deve ser consumido. A cada manhã o sacerdote deve colocar mais lenha, dispor a oferta no fogo, e queimar a gordura dos sacrifícios pacíficos sobre ele. O fogo deve continuar ardendo sobre o altar continuamente.

Tudo o que tens está no altar do sacrifício colocado,
Teu coração o espírito o controla?
Poderás somente ser abençoado,
e terás paz e doce repouso,
se a Ele renderes teu corpo e alma.

Nossa oração deve sempre ser: "Senhor, deixa-me ser uma oferta de holocausto aceitável a ti!".

Capítulo 4

A Pia de Bronze

"E falou o Senhor a Moisés, dizendo: Farás também uma pia de cobre com a sua base de cobre, para lavar; e a porás entre a tenda da congregação e o altar, e deitarás água nela. E Arão e seus filhos nela lavarão as suas mãos e os seus pés. Quando entrarem na tenda da congregação, lavar-se-ão com água, para que não morram..." (Êx 30.17-20). (Ver também Êx 38.8.)

Um desses adesivos com dizeres, que comumente vemos colados em pára-brisas de automóveis, diz: "Não sou perfeito, apenas perdoado". A intenção da mensagem é boa, mas pode ser mal interpretada por quem não tem a salvação. Eu serei justificado de todas as minhas faltas apenas porque afirmo ter recebido perdão do Senhor? E o homem do mundo, não será justificado? Esta não era a posição do crente que entrou no átrio. Não existe justificativa adequada para o pecado do crente, mas há perdão. Não podemos justificar-nos por nossos pecados e falhas, mas podemos nos aproximar de Deus para sermos perdoados e limpos.

Devemos adentrar além do altar, onde recebemos perdão, e começar uma caminhada de santidade. Nossos pecados estão perdoados, mas agora precisamos nos preocupar com a "limpeza de nossos atos" e andar com a dignidade condizente por haver recebido o perdão.

Imagine se seu filho de cinco anos pedisse a você para brincar fora de casa, tendo você acabado de banhá-lo e vesti-lo com roupas novas. Você sabe que lá fora há poças de lama e a atração que elas exercem sobre crianças pequenas é forte. Ele promete: "Eu só quero brincar, eu prometo ter cuidado". Você cede e o deixa sair. Não demora muito e ele volta com lágrimas, dizendo: "Mãe, eu não quis cair na poça, mas eu escorreguei e caí. Por favor, mãe, me desculpe". O que pode a mãe fazer quando aquela criança tão querida se mostra arrependida mesmo antes de receber a reprimenda? Você não diria: "Eu te perdôo"? Contudo, apenas perdoando-o não resolve a situação. A criança e suas roupas precisam de água e sabão. Ouçamos o que diz Isaías 64.6: "Mas todos nós somos como o imundo, e todas as nossas justiças, como trapo de imundícia...". Em Isaías 61.10 lemos: "Regozijar-me-ei muito no Senhor, a minha alma se alegra no meu Deus, porque me vestiu de vestes de salvação, e me cobriu com o manto de justiça...". O escritor aos Hebreus tem a mesma mensagem: "... sem derramamento de sangue não há remissão" (Hb 9.22). Isto é Justificação. Adiante, em Hebreus 12.14 diz: "... e a santificação, sem a qual ninguém verá o Senhor". Isto é Santificação.

Antes que os sacerdotes e levitas pudessem ministrar no Átrio, eles mesmos deviam passar por uma cerimônia de purificação (ver Êx 29). Eles deveriam trazer ao Senhor uma oferta de dois carneiros e um novilho, e pães especialmente cozidos. Próximo à entrada eles deviam lavar-se inteiramente e então vestir-se com roupas especiais, feitas para a ocasião. O novilho era sacrificado após Arão e seus filhos porem suas mãos sobre a cabeça do animal. Este era oferecido como *oferta pelo pecado* por eles (v. 14). Então um dos carneiros era sacrificado, sendo esta a *oferta queimada* (v. 18). O outro carneiro era oferecido como *oferta de consagração*. Um pouco do sangue era tomado e aspergido sobre Arão e seus filhos e suas roupas. Em seguida, um pouco do sangue era posto sobre o lóbulo de sua orelha direita, o polegar direito e o grande artelho direito (v. 21). Em seguida era posto sobre eles o óleo da unção, sobre o sangue, *porque o óleo da unção não poderia ser colocado sobre a carne*. Primeiro o sangue, depois o óleo. Então Arão e seus filhos e suas roupas seriam consagrados. Eis aqui o ponto: eles haviam se lavado, colocado roupas novas e limpas, trazido ofertas pelo pecado, ofertas queimadas e para consagração; ainda assim eles teriam de lavar-se na Pia antes de entrar na Tenda da Congregação ou *morreriam*. O Pregador de tempos remotos tinha esta mensagem: "Em todo tempo sejam alvas as tuas vestes, e nunca falte o óleo sobre a tua cabeça" (Ec 9.8).

A Pia de Bronze

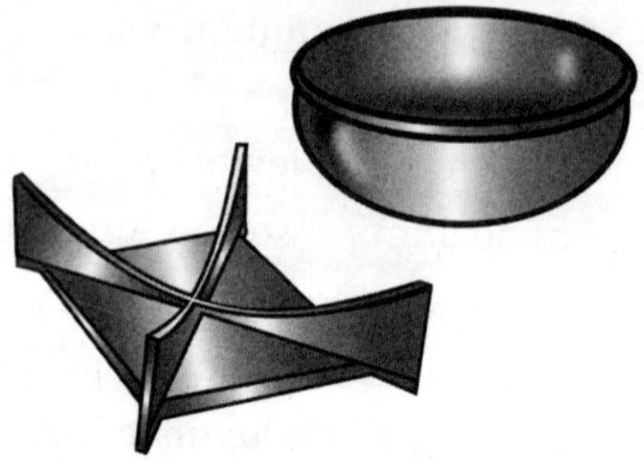

Extraído do mapa "O Tabernáculo", CPAD.

Esta Pia não é para todos, apenas para os consagrados. "E Arão e seus filhos nela lavarão as mãos e os pés" (Êx 30.19). Isto inclui a mim? "Mas vós sois a geração eleita, o sacerdócio real, a nação santa, o povo adquirido, para que anuncieis as virtudes daquele que vos chamou das trevas para a sua maravilhosa luz" (1 Pe 2.9). Certamente, para estarmos de pé diante do Senhor, precisamos ter o perdão. Contudo, se alguém quer que sua vida reflita a Jesus para que Ele possa tornar-lhe a vida uma benção para o Reino de Deus, este alguém precisa da constante e completa purificação. "Se confessarmos os nossos pecados, ele é fiel e justo para nos perdoar os pecados e nos purificar de toda injustiça" (1 Jo 1.9). (O perdão está no Altar de Bronze.) "Mas, se andarmos na luz, como ele na luz está, temos comunhão uns com os outros, e o sangue de Jesus Cristo, seu Filho, nos purifica de todo pecado" (1 Jo 1.7). (A Pia destina-se a manter limpa a vida separada para o Senhor.)

A Pia foi feita dos espelhos de bronze das mulheres. "Fez também a pia de cobre com a sua base de cobre, dos espelhos das mulheres que se ajuntavam, ajuntando-se à porta da tenda da congregação" (Êx 38.8); A Palavra de Deus é um espelho para que nos vejamos do modo como Deus nos vê. "E sede cumpridores da palavra e não somente ouvintes, enganando-vos com falsos discursos. Porque, se alguém é ouvinte da palavra e não cumpridor, é semelhante ao varão que contempla ao espelho o seu rosto natural; porque se contempla a si mesmo, e foi-se, e logo se esqueceu de como era. Aquele, porém, que atenta bem para a lei perfeita da liberdade e nisso persevera, não sendo ouvinte esquecido, mas fazedor da obra, este tal será bem-aventurado no seu feito" (Tg 1.22-25).

Quando viermos à Pia para nos lavar na água da Palavra, começaremos a ver a nós mesmos como realmente somos e não como nos imaginamos ser. Uma vez ouvi um ministro dizer que o que pensava estar fazendo era correto, até que o Senhor mostrou-lhe o perigo ao qual se expunha caso continuasse. O Senhor mostrou-lhe através da Palavra a medida de seu erro. Ele disse a todos nós que o ouvíamos, que todo o tempo ele pensou estar certo e com a atitude correta, mas as boas almas ao seu redor viram seu erro e oraram por ele. O que há de notável é que os outros viram seu erro e ele, não. O Espírito Santo mostrou-lhe através da Palavra, o espelho verdadeiro. Quanto tempo passamos diante deste espelho de Deus? Isaías, o profeta de Deus, foi um homem escolhido pelo Senhor para ser o porta-voz de Deus ao povo de Israel. Ele foi fiel em avisá-los sobre os seus pecados: Ai dos perversos (Is 3.11); ai dos avarentos (Is 5.8); ai dos embriagados (v. 11); ai dos enganadores (v. 18); ai dos mentirosos (v. 20) e ai dos orgulhosos (v. 21). Contudo, no capítulo 6, quando ele vê a santidade do Senhor e como é a adoração a um Deus santo, ele diz: "... Ai de mim..." (v. 5). Ali ele recebeu a purificação de seus lábios e um novo comissionamento do Senhor. Seu ministério enriqueceu e aumentou. Parece-nos que nenhum outro profeta do Antigo Testamento teve uma mensagem tão clara e precisa com relação à vinda do Senhor e Salvador Jesus Cristo.

Esta Pia, feita dos espelhos das mulheres, é um espelho verdadeiro. Ele nos permite ver-nos como somos de fato, não como quiséramos ser ou como tememos ser. Às vezes, isto ocorre quando vamos ao fotógrafo fazer um retrato. "As provas" vêm do laboratório e aí dizemos: "Não parece comigo" ou "não me faz justiça". Depois que o profissional habilidoso retoca a foto, escondendo as rugas e cobrindo as imperfeições, dizemos: "agora está melhor". Estamos apenas tentando enganar a nós mesmos. Aqui nesta Pia, nós nos vemos como Deus nos vê.

Nesta Pia segredos ocultos são trazidos à luz, mesmo as coisas que tememos ver. O rei Davi pensou que seu pecado com Bate-Seba estava bem escondido e até já se justificara por tê-lo feito. Natã, o profeta, contou-lhe uma história simbólica na qual um homem rico toma uma cordeirinha de um pobre, abatendo-a para um banquete. Davi, queimando de raiva contra o homem, disse a Natã: "... Vive o Senhor, que digno de morte é o homem que fez isso. E pela cordeira tornará a dar o quadruplicado, porque fez tal coisa e porque não se compadeceu" (2 Sm 12.5,6). Então vieram as palavras de Natã: "Tu és este homem" (v. 7); que imagem viu então Davi no espelho?...

O rei Acabe tinha profetas que profetizavam o que ele queria ouvir. Eram os seus espelhos de circo (ver 1 Rs 22.5-12). Na ocasião em que fez aliança com o rei de Judá, Josafá, os profetas de Acabe lhe disseram tudo o que ele queria ouvir, assim como: "Vai, porque prosperarás". Mas Josafá disse: "Não há aqui ainda algum profeta do Senhor ao qual possamos consultar?" (v. 7). A resposta de Acabe foi: "Ainda há um homem por quem podemos consultar ao Senhor; porém eu o aborreço, porque nunca profetiza de mim bem, mas só mal..." (v. 8). A questão é: Nós preferimos ouvir coisas boas sobre nós mesmos, mesmo sabendo que não são verdadeiras, a ouvir a verdade, ainda que doa? É a verdade que nos libertará.

Aqueles espelhos de bronze necessitavam de polimento cuidadoso e rotineiro para que refletissem uma imagem verdadeira. A Palavra dentro de nós, que é o nosso espelho, necessita ser polida pela leitura da Palavra de Deus e a constante comunhão com Jesus.

O Uso da Pia de Bronze por Arão e seus Filhos como Sacerdotes

"E Arão e seus filhos nela lavarão as suas mãos e os seus pés. Quando entrarem na tenda da congregação, lavar-se-ão com água, para que não morram..." (Êx 30.19,20). Os sacerdotes haviam passado por uma limpeza completa e cuidadosa antes de entrar no Átrio e assumir este ministério. Agora vem a ordem: "Lavem suas mãos e pés antes de entrar na Tenda da Congregação". A poeira da terra sujara de novo seus pés, e suas mãos tocaram coisas que as mancharam. Não poderiam entrar no Lugar Santo sem que se lavassem.

Jesus ilustrou a exigência de contínua limpeza, quando lavou os pés de seus discípulos. Pedro levantou um problema quando Jesus preparava-se para lavar os pés de seus discípulos. Esta passagem nos é contada em João 13.6-10: "Senhor, tu lavas-me os pés a mim? Respondeu Jesus e disse-lhe: O que eu faço, não o sabes tu, agora, mas tu o saberás depois. Disse-lhe Pedro: Nunca me lavarás os pés. Respondeu-lhe Jesus: Se eu não te lavar, não tens parte comigo. Disse-lhe Simão Pedro: Senhor, não só os meus pés, mas também as mãos e a cabeça. Disse-lhe Jesus: Aquele que está lavado não necessita de lavar senão os pés, pois no mais todo está limpo...". Devemos parar diariamente junto à Pia para manter-nos limpos.

Como aquelas palavras de Jesus ecoam em nossa mente: "... Se eu não te lavar, não tens parte comigo". "Mas, se andarmos na luz, como ele na luz está, temos comunhão uns com os outros, e o sangue de Jesus Cristo, seu Filho, nos purifica de todo pecado" (1 Jo 1.7). Enquanto andarmos na luz, há constante purificação. O salmista coloca a questão deste modo: "Quem subirá ao monte do Senhor ou quem estará no seu lugar santo? Aquele que é limpo de mãos e puro de coração... Este receberá a bênção do Senhor e a justiça do Deus da sua salvação" (Sl 24.3-5).

O ministro do Senhor tem um enorme dever a cumprir, quer as pessoas aceitem ou não a mensagem. Se ele não avisar com veemência do perigo iminente, a pessoa se perde. "Quando eu disser ao ímpio: Certamente morrerás; não o avisando tu, não falando para avisar o ímpio acerca do seu caminho ímpio, para salvar a sua vida, aquele ímpio morrerá na sua maldade, mas o seu sangue da tua mão o requererei" (Ez 3.18). Para ser fiel ao chamado de Deus e manter mãos e pés limpos, a mensagem do Senhor não pode ser comprometida.

Os sacerdotes lavavam-se de novo, toda vez que tivessem de entrar no santo lugar "... para que não morressem". O Senhor Deus exigia santidade de seus sacerdotes, conseqüentemente todos eram obrigados a se purificar antes de se aproximar de Deus. Quão triste quando um ministro de valor, que é usado por Deus, por causa de grandes expectativas e pressões, esquece a exigência de Deus de que ele "mantenha suas mãos e pés limpos". As conseqüências são: uma vida e um ministério arruinados, o nome do Senhor levado a desrespeito e aquele mensageiro outrora flamejante é abatido e esmagado. Senhor, ajuda-nos a passar bastante tempo junto à Pia da Palavra de Deus para termos certeza em primeiro lugar se nossas mãos (nossos atos de adoração) e nossos pés (nosso andar perante Deus) estão puros à sua vista.

Jesus teve suas mãos e pés perfurados por horríveis cravos e seu sangue por ali fluiu. Não devemos querer que nossas mãos e pés sejam limpos? "Chegai-vos a Deus, e ele se chegará a vós. Limpai as mãos, pecadores; e, vós de duplo ânimo, purificai o coração" (Tg 4.8). "Retirai-vos, retirai-vos, saí daí, não toqueis coisa imunda..." (Is 52.11). Ouçamos de novo as palavras de Bildade, quando este falava a Jó: "Como, pois, seria justo o homem perante Deus, e como seria puro aquele que nasce da mulher? Olha, até a lua não resplandece, e as estrelas não são puras aos seus olhos. E quanto menos o homem, que é um verme, e o filho do homem, que é um bicho!" (Jó 25.4-6).

Outra ordem com relação à Pia foi a de *colocar nela água* (ver Êx 40.7). Esta palavra fala da aplicação prática da Palavra de Deus em nossas vidas.

A Pia não era apenas um artigo que atraía a atenção e na qual as pessoas se maravilhavam. Ao contrário, sua utilidade era para as aplicações práticas e básicas na vida do sacerdote. Assim como ele devia ir à Pia para purificar-se, devemos ir à Pia da Palavra de Deus diariamente. Ali nos vemos como Deus nos vê, e com a aplicação prática de conformarmos nossas vidas de acordo com ela, para que não sejamos rejeitados após haver pregado para outros. Sob a inspiração do Espírito Santo, Tiago usa essa mesma analogia no capítulo 1: "E sede cumpridores da palavra, e não somente ouvintes, enganando-vos com falsos discursos. Porque, se alguém é ouvinte da palavra e não cumpridor, é semelhante ao varão que contempla ao espelho o seu rosto natural; porque se contempla a si mesmo, e foi-se, e logo se esqueceu de como era" (vv. 22-25). Paulo também usa esta comparação quando escreve a Tito, um de seus discípulos: "... nos salvou pela lavagem da regeneração e da renovação do Espírito Santo" (Tt 3.5). Aqui ele fala de regeneração. Então, quando escreve aos efésios, de novo usa esta comparação: "Para a santificar [a Igreja], purificando-a com a lavagem da água, pela palavra" (Ef 5.26). Aqui ele fala de santificação. Ouça a oração de Jesus: "Santifica-os na verdade; a tua palavra é a verdade" (Jo 17.17).

Paulo escreveu aos santos de Corinto: "... mas haveis sido lavados, mas haveis sido santificados, mas haveis sido justificados em nome do Senhor Jesus e pelo Espírito do nosso Deus" (1 Co 6.11). Quão tristes, no entanto, foram as palavras de Jesus quando a sós com os seus doze escolhidos: "... vós estais limpos, mas não todos" (Jo 13.10). Será que uma pessoa pára perto da Pia, vê a água, vê o bronze polido, mas se esquece de suas próprias mãos e pés? Nós negligenciamos aplicar a água às nossas próprias impurezas, não importando nossos títulos? Judas era o tesoureiro do grupo, o dinheiro estava confiado a ele, mas foi dele que Jesus falou quando disse: "estais limpos, mas não todos". Então veja seu fim: "Então, Judas, o que o traíra, vendo que fora condenado, trouxe, arrependido, as trinta moedas de prata aos príncipes dos sacerdotes e aos anciãos, dizendo: pequei, traindo sangue inocente. Eles, porém, disseram: Que nos importa? Isso é contigo. E ele, atirando para o templo as moedas de prata, retirou-se e foi-se enforcar" (Mt 27.3-5). Será que isto não traz o temor de Deus aos corações daqueles que ministram? Observe que aquele que ministra é aquele que morrerá se não se lavar. Durante todo o tempo ele leva perdão e vida a outros, ele amontoará condenação sobre sua própria cabeça por causa de seu erro. Paulo estava ciente deste perigo... "Pois eu assim corro, não como a coisa incerta; assim combato, não como batendo no ar. Antes, subjugo o meu corpo, e o reduzo à servidão, para que, pregando aos outros, eu mesmo não venha de alguma maneira a ficar reprovado" (1 Co 9.26,27).

A apostasia começa com a negligência de pequenas coisas, como, por exemplo, deixar um grão de poeira nas nossas mãos ou pés. Não podemos ter parte na adoração verdadeira a Deus enquanto tentarmos esconder nossas mãos sujas. O rei Davi falava por experiência própria quando escreveu em Salmos 24.3,4: "Quem subirá ao monte do Senhor ou quem estará no seu lugar santo? Aquele que é limpo de mãos e puro de coração, que não entrega a sua alma à vaidade, nem jura enganosamente". Jesus diz: "Bem-aventurados os limpos de coração; porque eles verão a Deus" (Mt 5.8).

A Pia era o único utensílio cujo tamanho ou dimensões não eram especificados. Naturalmente, quando em viagem pelo deserto, ela teria de ser de um tamanho que pudesse ser transportada de um lugar para outro com facilidade, porém sua capacidade deveria ser tal que contivesse água o bastante para seu devido uso.

Mais tarde, quando o rei Salomão construiu o templo, algumas medidas foram dadas. A Pia era grande, tão grande que era chamada de mar (ver 1 Rs 7.23). Seu diâmetro era de 10 côvados, ou 5 metros, e 5 côvados, ou 2 metros e meio de profundidade. Sua circunferência era de 30 côvados, ou 15 metros. Ela era sustentada por doze touros de bronze, e sua capacidade era de dois mil batos, ou cerca de 43 litros. De fato, era uma grande pia. Ela diria ao adorador: "Há limpeza bastante para teus maiores fracassos e pecados". Ela diria ainda mais: "Teu Deus pode manter-te limpo". Paulo escreveu a Timóteo: "De sorte que, se alguém se purificar destas coisas, será *vaso para honra, santificado e idôneo para uso do Senhor*, e preparado para toda boa obra" (2 Tm 2.21; ênfase minha).

João também escreve sobre a importância de nos mantermos limpos: "... Mas sabemos que, quando ele se manifestar, seremos semelhantes a ele; porque assim como é o veremos. E qualquer que nele tem esta esperança purifica-se a si mesmo, como também ele é puro" (1 Jo 3.2,3). Judas nos diz então que o Senhor manterá e susterá aqueles que permanecerem puros: "Ora, àquele que é poderoso para vos guardar de tropeçar e apresentar-vos irrepreensíveis, com alegria, perante a sua glória, ao único Deus, Salvador nosso, por Jesus Cristo, nosso Senhor, seja glória e majestade, domínio e poder, antes de todos os séculos, agora, e para todo o sempre. Amém!" (Jd 24,25).

Capítulo 5

O Lugar da Habitação de Deus

Olhemos para a estrutura diante de nós, por vezes chamada de "tenda da congregação", e vejamos o que o Senhor tem a nos dizer.

Em nossa lembrança está a palavra escrita por Paulo em 1 Coríntios 3.9: "Porque nós somos cooperadores de Deus; vós sois lavoura de Deus e edifício de Deus". Em Efésios 2.19-22, o Espírito Santo de novo inspira-o a escrever o seguinte: "Assim que já não sois estrangeiros, nem forasteiros, mas concidadãos dos Santos e da família de Deus; edificados sobre o fundamento dos apóstolos e dos profetas, de que Jesus Cristo é a principal pedra da esquina; no qual todo o edifício, bem ajustado, cresce para templo santo no Senhor, no qual também vós juntamente sois edificados para morada de Deus no Espírito". Na construção de um edifício, o primeiro item é sua fundação. O Espírito Santo testifica que no domínio espiritual ocorre o mesmo, por isso fez com que o apóstolo Paulo escrevesse: "Segundo a graça de Deus que me foi dada, pus eu, como sábio arquiteto, o fundamento, e outro edifica sobre ele; *mas veja cada um como edifica sobre ele*" (1 Co 3.10; ênfase minha).

A Fundação

"Farás também quarenta bases de prata debaixo das vinte tábuas..." (Êx 26.19). A base é uma peça de prata que servia como fundamento para as tábuas se manterem firmes. Duas bases eram sempre colocadas sobre cada tábua para dar-lhe um bom fundamento sobre o qual sustentar-se. A construção geral do Tabernáculo era de madeira de acácia com vinte tábuas elevando-se de cada um dos lados e dez nos fundos. Estas tábuas não eram para ser erguidas sobre as inconstantes areias do deserto. Deus deu instruções especificas com respeito a que espécie de fundamento sustentaria cada tábua, bem como o material com o qual seria confeccionado. Nos deteremos no significado das tábuas um pouco adiante. Por hora diremos que cada tábua tinha duas mechas, ou pés, e cada pé era afixado sobre uma base. Isto é, duas bases ou fundamentos para cada tábua.

Estas bases eram feitas de prata, um talento para cada base (ver Êx 38.27). A prata provinha de dinheiro especial de expiações (ver Êx 30.11-13). "E a prata dos arrolados da congregação foi cem talentos e mil e setecentos e setenta e cinco siclos, conforme o siclo do santuário: Um beca para cada cabeça, isto é, meio siclo, conforme o siclo do santuário, de qualquer que passava aos arrolados, da idade de vinte anos e acima, que foram seiscentos e três mil e quinhentos e cinqüenta. E houve cem talentos de prata para fundir as bases do santuário e as bases do véu; para cem bases eram cem talentos: um talento para cada base. Mas dos mil e setecentos e setenta e cinco siclos fez os colchetes das colunas, e cobriu as suas cabeças, e as cingiu de molduras" (Êx 38.25-28).

Cada homem de vinte anos para cima devia pagar. Cabia a cada homem pagar o mesmo montante, rico ou pobre. Não havia diferença. Ninguém podia entrar no exército de Israel sem primeiro pagar o resgate de meio siclo. De acordo com Êxodo 38.27, os 603.550 homens que pagaram o meio siclo proveram o montante de 100 talentos e 1.775 siclos. Os 100 talentos de prata foram usados para fundir as bases do santuário. Isto é, 100 bases construídas a partir de 100 talentos, um para cada base (v. 28). Então usaram 1.775 siclos para fazer os colchetes ou ganchos das colunas do átrio, os quais sustentariam o véu ou a cortina, bem como para cobrir as cabeças das colunas e fazer-lhes as vergas.

Cada israelita deveria pagar o preço por si mesmo, ninguém poderia pagá-lo por outrem. De igual maneira devemos ir a Cristo e estabelecer nosso compromisso com Ele. Quando prometemos servir ao Senhor sem olharmos para o quanto vai nos custar, sua benção estará sobre nossa vida.

Há ainda hoje um preço a pagar se alguém quer servir nas fileiras do Senhor. "Então, disse Jesus aos seus discípulos: Se alguém quiser vir após mim, renuncie-se a si mesmo, tome sobre si a sua cruz e siga-me; porque aquele que quiser salvar a sua vida perdê-la-á, e quem perder a sua vida por amor de mim achá-la-á. Pois que aproveita ao homem ganhar o mundo inteiro, se perder a sua alma? Ou que dará o homem em recompensa da sua alma?" (Mt 16.24-26). Para edificar uma sólida vida cristã, deve-se começar com um bom fundamento no firme compromisso com o Senhor, de segui-Lo e servi-Lo a qualquer custo.

Se a fundação é boa, a superestrutura de nossa vida espiritual tornar-se-á uma bela e segura edificação, que suportará as tempestades. Jesus deu-nos um bom conselho a esse respeito: "Qualquer que vem a mim, e ouve as minhas palavras, e as observa, eu vos mostrarei a quem é semelhante. É semelhante ao homem que edificou uma casa, e cavou, e abriu bem fundo, e pôs os alicerces sobre rocha; e, vindo a enchente, bateu com ímpeto a corrente naquela casa e não a pôde abalar, porque estava fundada sobre rocha. Mas o que ouve e não pratica é semelhante ao homem que edificou uma casa sobre terra, sem alicerces, na qual bateu com ímpeto a corrente, e logo caiu; e foi grande a ruína daquela casa" (Lc 6.47-49).

Com certeza a areia do deserto não servia como fundação para a Casa do Senhor. Para que esta se tornasse segura em um terreno inseguro, uma boa fundação havia de ser providenciada. Duas bases de prata para cada tábua eram iguais; daí por diante todas as bases encaixavam-se para formar uma fundação forte e sólida. Em meio a tempos de mutações, quando nações estão desmoronando e caindo aos pedaços, aqui está a promessa de Deus, sobre a qual podemos repousar nossas estruturas com confiança: "Todavia, o fundamento de Deus fica firme, tendo este selo: O Senhor conhece os que são seus, e qualquer que profere o nome de Cristo aparte-se da iniqüidade" (2 Tm 2.19).

Tábuas Cobertas de Ouro sobre Bases de Prata

Deus ordenou a Moisés em Êxodo 26.15-29: "Farás também as tábuas para o tabernáculo de madeira de cetim, que estarão levantadas. O comprimento de uma tábua será de dez côvados, e a largura de cada tábua será de um côvado e meio. Duas coiceiras terá cada tábua, travadas uma com a outra; assim farás com todas as tábuas do tabernáculo. E farás as tábuas para o tabernáculo assim: vinte tábuas para a banda do meio-dia, ao sul. Farás também quarenta bases de prata debaixo das vinte tábuas; duas bases debaixo de uma tábua para as suas duas coiceiras, e duas bases debaixo de outra tábua para as suas duas coiceiras. Também haverá vinte tábuas ao outro lado do tabernáculo, para a banda do norte, com as suas quarenta bases de prata; duas bases debaixo de uma tábua e duas bases debaixo de outra tábua. E ao lado do tabernáculo para o ocidente farás seis tábuas. Farás também duas tábuas para os cantos do tabernáculo, de ambos os lados; e por baixo se ajuntarão e também em cima dele se ajuntarão numa argola. Assim se fará com as duas tábuas: ambas serão por tábuas para os dois cantos. Assim serão as oito tábuas com as suas bases de prata, dezesseis bases: duas bases debaixo de uma tábua e duas bases debaixo de outra tábua. Farás também cinco barras de madeira de cetim para as tábuas de um lado do tabernáculo e cinco barras para as tábuas do outro lado do tabernáculo; como também cinco barras para as tábuas do outro lado do tabernáculo, de ambas as bandas, para o ocidente. E a barra do meio estará no meio das tábuas, passando de uma extremidade até à outra. E cobrirás de ouro as tábuas e farás de ouro as suas argolas, para meter por elas as barras; também as barras as cobrirás de ouro".

Para compreender o significado dos números nas Escrituras Sagradas, consideremos primeiro o número quarenta. Nas Escrituras ele representa o número de Deus. No Tabernáculo temos quarenta bases de prata em cada lado, sobre as quais vinte tábuas estão firmemente afixadas. Há vinte tábuas no lado sul e vinte no lado norte, perfazendo quarenta. Moisés passou quarenta dias no monte, por duas vezes; uma vez quando recebeu os Dez Mandamentos e outra, quando o Senhor lhe mostrou o desenho do Tabernáculo. Elias viajou quarenta dias após o Senhor tê-lo alimentado com pão celestial. Após o Espírito Santo ter vindo sobre Jesus Cristo em forma de pomba, Ele passou quarenta dias no deserto sendo tentado pelo diabo. Após sua ressurreição, Jesus mostrou-se vivo aos crentes por quarenta dias, confirmando a Palavra de Deus antes de ascender aos céus. Assim como o número quarenta (o número do cumprimento) é muito prevalecente nesta parte da estrutura do Tabernáculo, devemos ter consciência de que Deus deseja cumprir seu plano em nossas vidas. À igreja filipense, Paulo escreve: "Tendo por certo isto mesmo: que aquele que em vós começou a boa obra *a aperfeiçoará* até ao Dia de Jesus Cristo" (Fp 1.6; ênfase minha). O seu plano e sua divina vontade acharão preenchimento em nossas vidas?

O material designado para a estrutura do Tabernáculo foi a madeira de acácia. No Átrio, as colunas eram de madeira nua sobre fundações de bronze e com vergas de prata na parte superior. Aqui dentro do Tabernáculo, no entanto, a madeira que formava o material para as paredes havia sido trabalhada cuidadosamente, talhada, moldada e então coberta de ouro. As colunas no átrio, que sustentavam as cortinas de linho, simbolizavam a JUSTIFICAÇÃO do crente. Mas o trabalho adicional sobre a madeira de acácia, significava a SANTIFICAÇÃO do crente.

O Tamanho de cada tábua era de cerca de 5 metros de comprimento por cerca de 70 centímetros de largura. Cada tábua tinha exatamente as mesmas dimensões. Neste caso também o material veio do ambiente desértico, de árvores que cresciam em circunstâncias agrestes. Quando um marceneiro moderno tenciona fazer uma bela peça de mobiliário, ele procura madeira de boa fibra, que seja fácil de se trabalhar e moldar. Porém, neste caso, ordenara o Senhor a Moisés que tomasse madeira da acácia crescida sob circunstâncias duras e adversas. Tais árvores tinham sobre si marcas dos golpes desferidos pelos elementos da natureza. Os troncos geralmente são retorcidos, curvados e danificados. O Senhor não selecionara material de primeira qualidade para a construção da Casa de Deus. Também hoje, Deus seleciona pessoas que têm imperfeições em conseqüência das tempestades da vida. Por que a escolha de tal material para as paredes do belo Tabernáculo feito para abrigar a presença do Senhor? O Senhor vê uma beleza em cada pessoa, a qual Ele quer trazer à luz, que o homem comum não consegue ver.

Certamente, nosso Senhor não é apenas o "filho do carpinteiro", mas Ele é o Mestre Carpinteiro. Ele fará o melhor possível de cada peça de madeira de acácia que lhe vier às mãos. Quantas vezes vemos o trabalho maravilhoso que Ele faz numa peça que Satanás arruinara e jogara num monturo de lixo? Paulo lembrou este fato à igreja de Corinto: "Mas Deus escolheu as coisas loucas deste mundo para confundir as sábias; e Deus escolheu as coisas fracas deste mundo para confundir as fortes. E Deus escolheu as coisas vis deste mundo, e as desprezíveis, e as que não são para aniquilar as que são; para que nenhuma carne se glorie perante ele" (1 Co 1.27-29).

Deus Usa Ferramentas Especiais

Quando Deus escolheu o homem que seria o pai de seu povo escolhido, encontrou Jacó, um homem com muitos problemas. Quem, a não ser Deus, teria tanta paciência com alguém por mais de vinte anos, que usava todas as espécies de truques para manipular circunstâncias, pessoas e até o próprio Deus. Mas Deus sabia que quando todas as arestas ásperas fossem aparadas, Jacó seria um maravilhoso príncipe de Deus, um Israel (Príncipe de Deus, em hebraico). Para que

Deus o moldasse de acordo com a sua vontade, o Senhor teve de mandá-lo a uma pessoa mais dura que ele. O nome do homem era Labão, e vivia a caminho do Oriente. O Senhor decidira não abrir mão de Jacó até que este aprendesse a ser submisso. O Senhor pôde cumprir sua vontade na vida de Jacó.

Se alguém se queixa de que o Senhor destinou-o a viver próximo de pessoas duras e abrutalhadas, quem sabe tal situação se deve ao fato de ele ser feito de um material duro de ser trabalhado? Para dar-nos a forma que Ele idealizou, Ele tem de colocar-nos em situações difíceis. Nossa oração deve ser: "Senhor, ajuda-me a estar firme e saber que tu és Deus e que tens pensamentos de amor por mim".

Quando o Senhor escolheu alguém para levar o Evangelho aos confins do mundo daquela época, Ele escolheu um homem chamado Saulo. O nome de Saulo dava calafrios de medo nos corações dos crentes naqueles dias, por conta de sua determinação em prendê-los, e até mesmo por ter aprovado o assassinato de Estevão. Saulo estava a caminho de Damasco para prender os crentes que ali estavam, quando: "subitamente o cercou um resplendor de luz do céu. E, caindo em terra, ouviu uma voz que lhe dizia: Saulo, Saulo, por que me persegues? E ele disse: Quem és, Senhor? E disse o Senhor: Eu sou Jesus, a quem tu persegues. Duro é para ti recalcitrar contra os aguilhões. E ele, tremendo e atônito, disse: Senhor, que queres que faça? E disse-lhe o Senhor: Levanta-te e entra na cidade, e lá te será dito o que te convém fazer" (At 9.3-6).

Ananias, um crente em Jesus que morava na cidade de Damasco, perturbou-se quando o Espírito Santo disse-lhe para visitar Saulo e orar por ele porque havia perdido a visão ao ser envolto pela brilhante luz. "Disse-lhe, porém, o Senhor: Vai, porque este é para mim um vaso escolhido para levar o meu nome diante dos gentios, e dos reis, e dos filhos de Israel. E eu lhe mostrarei quanto deve padecer pelo meu nome" (At 9.15,16). Após sua conversão e cura, houve anos de silêncio com respeito a esse homem. Mas Deus estava fazendo um trabalho nele, a fim de prepará-lo para uma grande missão e para escrever alguns dos mais inspirados livros que jamais fluíram da pena de um homem. Era este um homem cheio de cicatrizes e dirigido pelo ódio e que tanto mal havia feito em nome de Deus, porém Deus fez dele um instrumento de adoração escolhido.

Um dia, em Antioquia, quando os crentes se reuniam em jejum e oração, disse o Espírito Santo: "... Apartai-me a Barnabé e a Saulo para a obra a que os tenho chamado. Então, jejuando, e orando, e pondo sobre eles as mãos, os despediram" (At 13.2,3). Este homem, que uma vez encheu de terror o coração dos crentes, sabia agora que tinha apenas um propósito na vida. Isto ele mesmo o disse de forma eloqüente: "... e vivo, não mais eu, mas Cristo vive em mim; e a vida que agora vivo na carne vivo-a na fé do Filho de Deus, o qual me amou e se entregou a si mesmo por mim" (Gl 2.20). Disto ele nunca desistiu até o final de seu ministério, quando da prisão ele escreve a Timóteo: "Combati o bom combate, acabei a carreira, guardei a fé. Desde agora, a coroa da justiça me está guardada, a qual o Senhor, justo juiz, me dará naquele Dia; e não somente a mim, mas também a todos os que amarem a sua vinda" (2 Tm 4.7,8).

Em sua última viagem, quando soube que sua vida corria risco se fosse a Jerusalém, os crentes tentaram persuadi-lo a não ir. Contudo, sua resposta foi tão conclusiva, que não mais tentaram dissuadi-lo. Eis algumas de suas palavras: "Mas em nada tenho a minha vida por preciosa, contanto que cumpra com alegria a minha carreira e o ministério que recebi do Senhor Jesus, para dar testemunho do evangelho da graça de Deus" (At 20.24). O Senhor tinha um trabalho difícil a ser feito, portanto, Ele escolheu Saulo, que era uma pessoa tão determinada que nada o deteria para fazer a vontade de Deus. Ainda hoje muitos se maravilham do comprometimento e realizações deste homem. O Senhor havia escolhido a pessoa menos provável para ser o seu vaso escolhido.

As tábuas não eram produto apenas de uma árvore; elas provinham de muitas árvores. Eram retiradas de vários lugares naquela região, onde quer que se encontrassem árvores apropriadas. Eram ajuntadas e preparadas para uso no Tabernáculo. Assim o Senhor tomará cada nação, tribo, povo e língua, e inseri-los-á de uma bela maneira em seu maravilhoso plano. "Depois destas coisas, olhei, e eis aqui uma multidão, a qual ninguém podia contar, de todas as nações, e tribos, e povos, e línguas, que estavam diante do trono e perante o Cordeiro, trajando vestes brancas e com palmas nas suas mãos; e clamavam com grande voz, dizendo: Salvação ao nosso Deus, que está assentado no trono, e ao Cordeiro" (Ap 7.9,10). Quando Ele houver terminado, todos se ajustarão exatamente no lugar correto, de acordo com o plano de Deus para seu Templo e sua Igreja.

Imaginemos uma reunião onde se estão a contar testemunhos, e uma destas tábuas começa a falar: "Lembro-me muito bem de quando eu era uma árvore no deserto, em um lugar no qual por muitos meses era difícil sobreviver. Havia pouquíssima nutrição e chuva, e as muitas tempestades dilaceravam meu tronco e meus galhos. Um dia veio alguém e pôs uma marca em mim, significando que eu havia sido escolhido para um propósito específico". 1 Pedro 1.2 diz: "Eleitos segundo a presciência de Deus Pai, em santificação do Espírito, para a obediência e aspersão do sangue de Jesus Cristo..."; "E nos predestinou para filhos de adoção por Jesus Cristo, para si mesmo, segundo o beneplácito de sua vontade" (Ef 1.5). "Porque os que dantes conheceu, também os predestinou para serem conformes à imagem de seu Filho, a fim de que ele seja o primogênito entre muitos irmãos" (Rm 8.29).

A tábua continua a dar seu testemunho: "Eu não me sentia nem um pouco melhor do que qualquer das outras árvores e também não tinha idéia do que iria me acontecer. Um dia me golpearam o tronco com um machado, próximo às raízes. Eu caí e morri. Fui levada dali e logo descobri que ainda não servia para coisa alguma e nem era um produto acabado. Meus galhos e folhas foram cortados fora. Então foi trazida uma serra e, aí, como cortou profundamente, bem no âmago do meu ser. A despeito de tudo isto, vim a aprender que tais coisas não eram para me destruir, mas que o Mestre Carpinteiro já tinha um plano para mim. Ele estava apenas cortando o que não era para meu benefício ou de acordo com seu plano. Logo descobri que cada corte fora cuidadosamente calculado e cada passagem da plaina tinha por objetivo melhor ajustar-me para o edifício do Senhor. Nas mãos do Mestre Carpinteiro, cada golpe que recebi serviu apenas para fazer-me mais ajustado ao lugar a mim destinado". Assim Deus trabalha nas vidas dos que crêem.

Não devemos ser desajustados, somos feitos para o encaixe; Deus não pode usar desajustados, portanto, entreguemo-nos a Ele.

Obreiros Cheios do Espírito

O Senhor escolhera dois homens chamados Bezalel e Aoliabe, os quais foram cheios do Espírito de Deus (ver Êx 31.1-11). Foi pela unção do Espírito Santo que eles receberam habilidade para desempenhar todo o serviço especializado a ser executado no Tabernáculo. O Espírito Santo pode também nos proporcionar toda a habilidade de que precisamos para o desempenho em nossa vida diária. Não seria maravilhoso se todos os crentes sentissem a necessidade de serem ungidos pelo Espírito Santo em seu trabalho diário, quer em seu emprego ou em casa, nas tarefas domésticas? Haveria uma grande diferença. Enquanto estes homens trabalhavam, com uma habilidade dada por Deus, o projeto e o esboço tomavam forma. Eles teriam de fazer o Tabernáculo da maneira como fora mostrado a Moisés na montanha. De igual modo, o Senhor está fazendo um trabalho na Igreja nos dias de hoje. "No qual todo o edifício, bem ajustado, cresce para templo santo no Senhor, no qual também vós juntamente sois edificados para morada de Deus no Espírito" (Ef 2.21,22).

No princípio, pode ser apenas o tronco bruto da árvore, mas Ele faz dali uma bela prancha. O tronco inacabado pode ser feio, mas o Senhor visualiza a tábua com um belo acabamento. Do mesmo modo, um escultor olha para uma peça bruta de granito e nela vê uma bela estátua. Tudo o que precisa fazer é tirar o excesso de granito e o produto final emerge. Assim, hoje o Senhor visualiza o produto acabado em seus seguidores, não importando sua aparência inicial.

Um carpinteiro inábil jogaria fora uma peça de madeira dura e nodosa por não prestar para qualquer uso prático, mas o trabalhador hábil usaria ferramentas muito afiadas e com cuidado especial faria daquela peça algo extraordinário. É magnífico que nosso Mestre Carpinteiro aplique toda a sua habilidade para fazer-nos "apropriados para o uso do Mestre". O Senhor prefere a madeira deformada e maltratada para fazer o produto final mais belo. Devemos nos manter firmes para que Ele possa terminar seu trabalho em nossas vidas. Sou grato a Ele porque quando encontrou em mim uma parte nodosa, dura e bruta, não me descartou como imprestável; apenas pegou um instrumento mais afiado e preciso para fazer o serviço. Lembremo-nos, o Senhor usa instrumentos fortes e afiados em árvores brutas e nodosas. Como mencionado anteriormente, para fazer um Israel de Jacó, Ele teve de enviá-lo à Mesopotâmia, onde Labão seria ainda mais duro que Jacó, para que este viesse a se tornar Príncipe de Deus. Com relação a Israel, estes aprenderam como eram os egípcios tanto no Egito como no deserto. Deus não levou muito tempo para tirá-los do Egito, mas levou quarenta anos para tirar-lhes o Egito da alma.

Quando as tábuas estavam prontas, foram colocadas de novo no deserto para serem Tabernáculo do Senhor. O Senhor nos põe de volta no mundo para sermos suas testemunhas e luzeiros brilhantes. "Dei-lhes a tua palavra, e o mundo os odiou, porque não são do mundo, assim como eu não sou do mundo. Não peço que os tires do mundo, mas que os livres do mal. Não são do mundo, como eu do mundo não sou. Santifica-os na verdade; a tua palavra é a verdade" (Jo 17.14-17).

Antes disto tudo, os pássaros faziam seus ninhos nestas árvores e buscavam sustento da terra seca. Agora, cada tábua sustentava-se sobre dois talentos de prata, tendo suas mechas (bases de sustentação) firmemente implantadas na prata. Estas tábuas recebiam sua estabilidade da firme fundação de duas bases de prata com um talento sob cada tábua. As mutáveis areias do deserto não poderiam mais movê-las. As tábuas não poderiam ficar de pé por si mesmas. Precisavam das bases de prata (significando redenção). Tábuas de acácia, vocês não podem ficar de pé por si mesmas, independentemente de quão maravilhoso tenha sido o trabalho do Mestre Carpinteiro sobre vocês. Vocês nem podem santificar-se nem manter-se santas, porém, é como Paulo diz a Timóteo: "... eu sei em quem tenho crido e estou certo de que é poderoso para guardar o meu depósito até àquele Dia" (2 Tm 1.12). Quanto mais eu confio nEle para sustentar-me, mais seguro estou.

Após terminado o trabalho nas tábuas, estas eram cobertas de ouro. Isto nos fala da vida divina de Cristo Jesus. Quando o ouro cobria as tábuas, todas as marcas anteriores e imperfeições eram totalmente encobertas. O observador não via a tábua de acácia, mas sim o ouro. Como cristãos devemos perguntar-nos: "Quando alguém me observa, o que ele vê?". As marcas e defeitos da vida antiga ainda estão visíveis ou ele vê a graça de Deus em mim? Estarei dando desculpas por minhas fraquezas e fracassos, ou ele vê Cristo em mim? Para ser parte do edifício de Deus, uma pessoa não pode mais inventar desculpas para seus pecados e fraquezas. Aqui está a "Santidade ao Senhor". As palavras de Paulo foram: "Já estou crucificado com Cristo; e vivo, não mais eu, mas Cristo vive em mim; e a vida que agora vivo na carne vivo-a na fé do Filho de Deus, o qual me amou e se entregou a si mesmo por mim" (Gl 2.20). De novo, em Colossenses 3.3: "Porque já estais mortos, e a vossa vida está escondida com Cristo em Deus". As pessoas não vão mais dizer: "Não é um belo pedaço de madeira?". Eles verão apenas a beleza do ouro, que é "Cristo em você". A madeira não será mais vista. *Se eu chamar a atenção para mim mesmo em vez de para Cristo, estou perdendo minha razão de ser e não terei mais cobertura de ouro.* Como é triste quando um ministro se torna o foco das atenções, em lugar do Senhor Jesus Cristo. Que ele possa apontar ao povo o Cordeiro de Deus que tira os pecados do mundo.

Há Unidade nas Tábuas

As tábuas eram todas do mesmo tamanho. Havia vinte para a parede norte, vinte para a parede sul, seis no terminal oeste, com uma tábua dupla em cada um dos cantos posteriores para reforçá-los (ver Êx 26.18-24). As vinte tábuas das laterais eram firmemente ligadas com travessões de madeira de acácia de modo que formassem uma unidade. Para cada parede havia cinco destes travessões. Cinco é o número da Graça. Verdadeiramente, é a Graça de Deus que liga os crentes uns aos outros. Na parte superior havia duas barras ligando as extremidades ao meio. Ligadura similar ocorria na parte inferior. A barra mediana, no entanto, corria de lado a lado. "E a barra do meio estará no meio das tábuas, passando duma extremidade até à outra" (Êx 26.28).

A unidade da parede dava segurança e beleza à construção. Jesus teve este mesmo desejo para seus seguidores: "Eu não rogo somente por estes, mas também por aqueles que, pela sua palavra, hão de crer em mim; para que todos *sejam um*, como tu, ó Pai, *o és em mim, e eu, em ti...*" (Jo 17.20,21; ênfase minha). O salmista também expressou a mesma verdade: "Oh! quão bom e quão suave é que os irmãos vivam em união! É como o óleo precioso sobre a cabeça, que desce sobre a barba, a barba de Arão, e que desce à orla das suas vestes" (Sl 133.1,2). Paulo também enfatizou a necessidade de união entre os crentes: "Há um só corpo e um só Espírito, como também fostes chamados em uma só esperança da vossa vocação; um só Senhor, uma só fé, um só batismo; um só Deus e Pai de todos, o qual é sobre todos, e por todos, e em todos" (Ef 4.3-6). Que Deus nos conceda toda a "... unidade do Espírito..." (Ef 4.3) até que "... todos cheguemos à unidade da fé e ao conhecimento do Filho de Deus..." (v. 13).

Nos cantos de trás do Tabernáculo eram dobradas e mantidas juntas com argolas especiais. "E ao lado do tabernáculo para o ocidente fez seis tábuas. Fez também duas tábuas para os cantos do tabernáculo aos dois lados, as quais estavam juntas debaixo e também se ajuntavam por cima com uma argola; assim fez com elas ambas nos dois cantos. Assim, eram oito tábuas com as suas bases de prata, a saber, dezesseis bases; duas bases debaixo de cada tábua" (Êx 36.27-30). Com isto o lugar que sofria maior pressão foi reforçado. De igual maneira, o Senhor coloca reforço extra onde há mais pressão na Igreja.

Capítulo 6

A Coberta de Peles de Texugo

"Farás também à tenda uma cobertura de peles de carneiro, tintas de vermelho e outra coberta de peles de texugo em cima" (Êx 26.14).

Toda a estrutura do Tabernáculo era de um projeto especial. As tábuas eram feitas com cuidado e exatidão, aí então cobertas de ouro, aplicado com grande habilidade, de maneira que cada tábua ficasse completamente revestida. Em seguida eram encaixadas umas nas outras, no que se constituía numa forte parede, a qual era então cuidadosamente colocada nas bases de prata, concluindo assim a sólida e robusta estrutura da construção. Esta verdadeiramente havia se tornado uma unidade, não montes de peças diferentes colocadas juntas aleatoriamente. Assim é com a Igreja. Somos todos parte de *um* edifício de Deus.

Sobre este maravilhoso trabalho havia uma cobertura, ou teto de cobertas. Este teto consistia de quatro coberturas. A primeira era de linho fino torcido, então vinha outra de pêlo de cabra, após esta, uma outra de peles de carneiro tingidas de vermelho e a cobertura exterior, de peles de texugo. Esta cobertura quadriforme era uma proteção completa e durável para a construção e tudo o que ali se abrigava.

Quando Moisés escreveu as palavras conhecidas hoje como o Salmo 91, suas reminiscências devem ter ido até a cobertura do Tabernáculo. Contemplamos o significado daquelas palavras, uma vez mais: "Aquele que habita no esconderijo do Altíssimo, à sombra do Onipotente descansará. Direi do Senhor: Ele é o meu Deus, o meu refúgio, a minha fortaleza, e nele confiarei. Porque ele te livrará do laço do passarinheiro e da peste perniciosa. Ele te cobrirá com as suas penas, e debaixo das suas asas estarás seguro; a sua verdade é escudo e broquel. Não temerás espanto noturno, nem seta que voe de dia, nem peste que ande na escuridão, nem mortandade que assole ao meio-dia. Mil cairão ao teu lado, e dez mil, à tua direita, mas tu não serás atingido. Somente com os teus olhos olharás e verás a recompensa dos ímpios. Porque tu, ó Senhor, és o meu refúgio! O Altíssimo é a tua habitação. Nenhum mal te sucederá, nem praga alguma chegará à tua tenda. Porque aos seus anjos dará ordem a teu respeito, para te guardarem em todos os teus caminhos. Eles te sustentarão nas suas mãos, para que não tropeces com o teu pé em pedra" (Sl 91.1-12).

O Senhor deseja habitar conosco e ser nosso *protetor* e *zelador*. Há segurança nEle. Vou-lhes contar uma experiência verdadeira. Fui criado numa fazenda da região meio oeste dos Estados Unidos. Lembro-me de que na primavera as galinhas chocas ficavam ocupadas com um ninho cheio de ovos sobre os quais elas fielmente se assentavam até que os pintinhos saíssem da casca. Após alguns dias, permitia-se à galinha levar sua ninhada a passear no sol quente pelo gramado, mas ela sabia que os pequeninos não podiam proteger-se, sendo ela a responsável. Quando um falcão faminto começava a voar em círculos lá no alto, de olhos fixos nos indefesos pintinhos, subitamente a galinha interrompia o passeio e dava o sinal, abrindo as asas e se agachando. Num instante todos os pintos desapareciam e punham-se a salvo sob as asas da mãe. Há um lugar de segurança para mim e para ti em Cristo Jesus. Pense naquela canção tão apreciada nos círculos cristãos:

PROTEJO-ME EM TI, PROTEJO-ME EM TI,
BENDITA ROCHA ETERNA, EU PROTEJO-ME EM TI.

O rei Davi também tinha este desejo em sua vida: "Guarda-me como à menina do olho, esconde-me à sombra das tuas asas" (Sl 17.8).

As quatro coberturas também têm paralelo no Novo Testamento. Há quatro Evangelhos, e cada um enfatiza uma característica especial de nosso Senhor Jesus Cristo. Mateus começa com os sábios vindo a Herodes com a pergunta: "... Onde está aquele que é nascido rei dos judeus?..." (Mt 2.2). Mateus termina seu Evangelho chamando-nos a atenção para o fato de que na cruz Jesus foi outra vez chamado de Rei dos Judeus por Pilatos. Isto coincide com a primeira cobertura do Tabernáculo, que era púrpura, azul escarlate e entretecido com linho fino, cores de realeza. A segunda cobertura, de pêlo de cabra, é comparada ao Evangelho de Marcos, como o Servo do homem. Lucas se refere a Ele como o Filho do Homem e nos faz lembrar da cobertura de peles de carneiro tingidas de vermelho. João fala sobre Ele como Deus revelado em Cristo enquanto homem, porém não reconhecido pelo povo. "Veio para o que era seu, e os seus não o receberam" (Jo 1.11). O povo esperava um general poderoso, com um forte exército, que o livrasse da servidão a Roma. Os líderes judeus não se sentiam atraídos por Ele porque não viam qualquer realeza nEle. De igual modo, a cobertura de cima, de peles de texugo, de cor azul acinzentada tampouco era atraente.

A primeira cobertura, ou a cobertura interior, era a mais bela de todas, mas não era visível até que a pessoa entrasse. De maneira semelhante, nós podemos apenas conhecer a beleza do Senhor, quando entrarmos em uma vida com Cristo. A cobertura exterior, de peles de texugo, era a maior e a mais simples e cobria completamente o Tabernáculo. Do mesmo modo a beleza da Igreja não está na decoração externa, mas na presença de Cristo.

As Coberturas do Tabernáculo

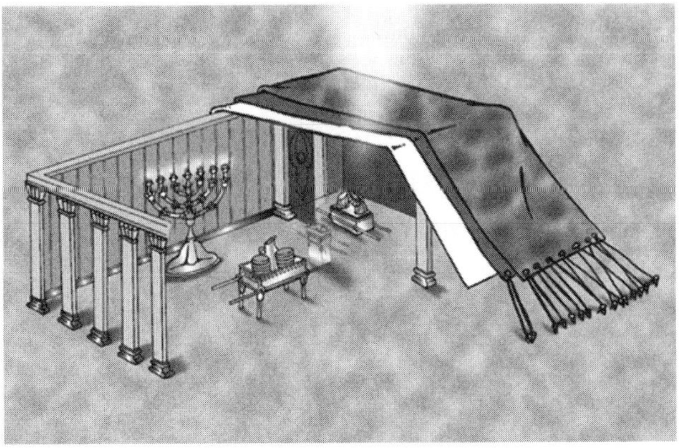

Extraído do mapa "O Tabernáculo", CPAD.

A Cobertura

Os comentaristas bíblicos expressam diferentes opiniões com relação à espécie de couro usada na cobertura externa, mas a Setuaginta traduz a palavra hebraica *achah* como "peles de couro azul". Em Ezequiel, a mesma palavra é usada neste contexto: "Também te vesti de bordadura, e te calcei com pele de texugo..." (Ez 16.10). Este tipo de pele é aqui associado a couro forte para as solas de sapato. Seu uso se devia mais à durabilidade que ao aspecto estético, uma vez que deveria suportar os rigores do clima. Não existia qualquer forma exterior de beleza ou atrativo à construção. Moabe, o povo vizinho, bem como outras nações pagãs com certeza não poderiam compreender por que tal estrutura era o centro das atrações daquele povo nômade. Era-lhes impossível entender como dentro daquela construção sem quaisquer atrativos habitasse a Glória de Deus. De semelhante modo, não é o edifício nem os esforços naturais do homem que atrairão pessoas para a Igreja, mas a Glória de Jesus Cristo.

Balaque, o moabita, ficou impressionado com a libertação de Israel do Egito, porém pensou que algumas palavras ditas contra Israel por um "profeta" duvidoso seria suficiente para enfraquecê-los e desarmá-los. Mal sabia ele que aquela construção indefinível no meio do acampamento de Israel continha mais do que o olho humano podia estimar. Contudo, Balaão, o "profeta" traidor e vendido a Balaque, rei dos moabitas, para vir e amaldiçoar a Israel, viu algo que Balaque não podia ver. E disse: "Como amaldiçoarei o que Deus não amaldiçoa? E como detestarei, quando o Senhor não detesta?" (Nm 23.8). Mais tarde, após outra "revelação" do Senhor, ele diz estas palavras, no versículo 10: "... A minha alma morra da morte dos justos, e seja o meu fim como o seu". Balaão soube finalmente que o Senhor era com Israel.

Isaías também fala de Jesus: "Porque foi subindo como um renovo perante ele e como raiz de uma terra seca; não tinha parecer nem formosura; e, olhando nós para ele, nenhuma beleza víamos, para que o desejássemos" (Is 53.2). Então, ele continua no versículo 3: "Era desprezado e o mais indigno entre os homens, homem de dores, experimentado nos trabalhos e, como um de quem os homens escondiam o rosto, era desprezado, e não fizemos dele caso algum". Paulo escreveu as seguintes palavras com respeito a Jesus: "... sendo em forma de Deus, não teve por usurpação ser igual a Deus. Mas aniquilou-se a si mesmo, tomando a forma de servo, fazendo-se semelhante aos homens" (Fp 2.6,7). À igreja em Corinto, escreveu: "Mas nós pregamos a Cristo crucificado, que é escândalo para os judeus e loucura para os gregos. Mas, para os que são chamados, tanto judeus como gregos, lhes pregamos a *Cristo, poder de Deus e sabedoria de Deus*" (1 Co 1.23,24; ênfase minha).

Jesus esvaziou-se de sua glória e tomou sobre si a forma de servo, e não somente isso, como diz o apóstolo Paulo em Filipenses 2.8: "... humilhou-se a si mesmo, sendo obediente até à morte e morte de cruz". Ele, que provinha do alto, pôde rebaixar-se ao mais baixo. Ele, que era o Rei dos reis, renunciou a tudo e executou o serviço de um escravo, mas, em o fazendo, não perdeu sua dignidade. "... Sabendo que o Pai tinha depositado nas suas mãos todas as coisas, e que havia saído de Deus, e ia para Deus, levantou-se da ceia, tirou as vestes e, tomando uma toalha, cingiu-se. Depois, pôs água numa bacia e começou a lavar os pés aos discípulos e a enxugar-lhos com a toalha com que estava cingido" (Jo 13.3-5). Nos versículos 12-15 Ele perguntou-lhes: "Entendeis o que vos tenho feito? Vós me chamais Mestre e Senhor e dizeis bem, porque eu o sou. Ora, se eu, Senhor e Mestre, vos lavei os pés, vós deveis também lavar os pés uns aos outros". Adiante, vem a admoestação: "De sorte que haja em vós o mesmo sentimento que houve também em Jesus Cristo" (Fp 2.5). Aquele que se humilha, *não precisará ser humilhado*, e abençoada é tal pessoa. "Porque já sabeis a graça de nosso Senhor Jesus Cristo, que, sendo rico, por amor de vós se fez pobre, para que, pela sua pobreza, enriquecêsseis" (2 Co 8.9). Ele disse de si mesmo: "... As raposas têm covis, e as aves do céu têm ninhos, mas o Filho do Homem não tem onde reclinar a cabeça" (Mt 8.20). Ainda assim, tendo aberto mão de tudo, Ele pôde alimentar uma multidão de cinco mil homens (somando-se, ainda, mulheres e crianças) com apenas o lanche de um rapazinho. O Senhor Jesus Cristo nos admoesta, em João 13.15-17: "Porque eu vos dei o exemplo, para que, como eu vos fiz, façais vós também. Na verdade, na verdade vos digo que não é o servo maior do que o seu senhor, nem o enviado, maior do que aquele que o enviou. Se sabeis essas coisas, bem-aventurados sois se as fizerdes".

Somos advertidos a não vivermos para nossa própria glória, mas para a dos outros. "Na verdade, na verdade vos digo que, se o grão de trigo, caindo na terra, não morrer, fica ele só; mas, se morrer, dá muito fruto" (Jo 12.24).

A cobertura de peles de texugo nos explica claramente que falta de humildade é o maior obstáculo a um ministério abençoado e frutífero. Não me refiro à humildade que se desfila ante olhos humanos, quando se quer parecer humilde, mas àquela que se torna parte da nossa natureza através de Cristo. As peles de texugo nos informam que precisamos aprender isto na escola de nosso Senhor, que diz: "... aprendei de mim, que sou manso e *humilde de coração...*" (Mt 11.29; ênfase minha). Senhor, não me permita ficar reprovado nesta lição!

Capítulo 7

A Cobertura de Peles de Carneiro Tintas de Vermelho

"Farás também à tenda uma cobertura de peles de carneiro tintas de vermelho..." (Êx 26.14). "Fez também para a tenda uma coberta de peles de carneiros tintas de vermelho..." (Êx 36.19). A menção desta cobertura de peles de carneiro é bem sucinta, mas a mensagem é muito importante.

O carneiro era um animal limpo e usado em muitos sacrifícios. Em Levítico 8.24, foi morto na cerimônia de consagração de Arão e seus filhos, quando seu sangue foi aplicado sobre o lóbulo da orelha direita, o polegar e o grande artelho direito desses sacerdotes. Sobre a unção com sangue colocava-se o óleo. Era o sangue do carneiro que preparava o lugar para a aplicação do óleo. A mesma mensagem nos serve para os dias de hoje. É o sangue de Jesus Cristo na nossa vida que nos limpa, purifica e prepara para que o óleo do Espírito Santo possa ser aplicado. "O azeite da unção jamais será colocado sobre a carne, *quem o fizer será extirpado*" (ver Êx 30.30-33). Fiquemos sempre sob o sangue para que a preciosa unção do Espírito Santo esteja sempre sobre nossa vida. Jamais devemos esperar ser ungidos sem que primeiro passemos por limpeza e consagração, cobertos pelo sangue de Jesus. O Espírito Santo não poderá manifestar-se em uma vida que não é totalmente purificada e consagrada.

Símbolo de Sacrifício

As peles de carneiro tingidas de vermelho nos falam de sacrifício. Tantas vezes usamos a palavra "sacrifício" de maneira leve em nossa caminhada cristã; ouvimos dizer: "Tanto me sacrifiquei", ou alguma expressão parecida. O que hoje chamamos de sacrifício freqüentemente é um escárnio àquilo que Deus pretendeu que compreendêssemos. Um sacrifício ocorre quando alguém abre mão de seus direitos, vontades, desejos, sentimentos e sua própria vida, sem reservas. A vida da pessoa é totalmente oferecida ao Senhor para seu uso e direcionamento. "Já estou crucificado com Cristo; e vivo, não eu, mas Cristo vive em mim..." (Gl 2.20). O sacrifício está completo quando está morto sobre o altar, com o fogo santo de

Deus ardendo sob ele, consumindo-o para o Senhor. "Porque te não comprazes em sacrifícios, senão eu os daria; tu não te deleitas em holocaustos. Os sacrifícios para Deus são o espírito quebrantado; a um coração quebrantado e contrito não desprezarás, ó Deus" (Sl 51.16,17). As palavras do Senhor para o rei Saul foram: "Tem, porventura, o Senhor tanto prazer em holocaustos e sacrifícios quanto em que se obedeça à palavra do Senhor? Eis que o obedecer é melhor do que sacrificar; e o atender melhor é do que a gordura de carneiros. Porque a rebelião é como o pecado de feitiçaria, e o porfiar é como iniqüidade e idolatria..." (1 Sm 15.22,23). Em vez disso, tal como Paulo, dizemos: "Pelo que muito desejamos também ser-lhe agradáveis, quer presentes, quer ausentes" (2 Co 5.9,10).

A referida cobertura vermelha do Tabernáculo fazia previsão do sofrimento de Jesus. Ele preferiu sofrer a não cumprir a perfeita vontade de Deus. Isaías profetizou sobre Jesus: "O Senhor Jeová me abriu os ouvidos, e eu não fui rebelde; não me retiro para trás. As costas dou aos que me ferem e a face, aos que me arrancam os cabelos; não escondo a face dos que me afrontam e me cospem" (Is 50.5,6).

A Importância da Obediência

A cor vermelha nos diz que é importante obedecer, mesmo que signifique sofrer. "Ainda que era Filho, aprendeu a obediência, por aquilo que padeceu. E, sendo ele consumado, veio a ser a causa de eterna salvação para todos os que lhe obedecem..." (Hb 5.8,9). Ele veio para sofrer. Simeão profetizou este fato quando José e Maria entraram com o menino

Jesus no templo: "(E uma espada traspassará também a tua própria alma), para que se manifestem os pensamentos de muitos corações" (Lc 2.35). Durante toda a sua vida, Jesus esteve consciente da sombra da cruz. Quando disse aos seus discípulos que seria preso em Jerusalém e sofreria ali. Pedro, estupefato ao pensar em seu Senhor e Mestre sofrendo e sendo morto, disse: "... de modo nenhum te acontecerá isso" (Mt 16.22). Jesus respondeu-lhe: "... Para trás de mim, Satanás, que me serves de escândalo; porque não compreendes as coisas que são de Deus, mas só as que são dos homens" (v. 23).

Lembremo-nos do grande homem de fé, Abraão. "E disse: Toma agora o teu filho, o teu único filho, Isaque, a quem amas, e vai-te à terra de Moriá; e oferece-o ali em holocausto sobre uma das montanhas, que te direi" (Gn 22.2). Sem hesitação, na manhã seguinte levantou-se cedo para cumprir a ordem do Senhor. Essa obediência total, não questionada, tem desafiado milhões através dos séculos a atreverem-se a obedecer, mesmo sem compreender. A resposta de Abraão à pergunta de Isaque, no versículo 7: "... mas onde está o cordeiro para o holocausto?", foi uma profecia. Ela não respondeu apenas a pergunta de Isaque, mas também à ardente necessidade de seu próprio coração em saber tal resposta. Abraão disse: "... Deus proverá para si o cordeiro para o holocausto, meu filho..." (v. 8). Deus pedira o mais caro em sua vida, e ele o deu sem hesitação. Ao final Abraão convenceu-se de que o preço da obediência não fora tão caro quanto ele havia imaginado, porque ele *não perdeu o que não negou ao Senhor*. Vemos aqui o prêmio da obediência: Abraão recebeu seu filho de volta, um substituto foi providenciado e um anjo interveio.

Deus jamais nos mandaria fazer algo que Ele próprio não o fizesse. De boa vontade Ele deu o seu melhor: "Porque Deus amou o mundo de tal maneira que deu o seu Filho unigênito, para que todo aquele que nele crê não pereça, mas tenha a vida eterna" (Jo 3.16).

Por uma segunda vez o anjo do Senhor bradou a Abraão: "Por mim mesmo, jurei, diz o Senhor, porquanto fizeste esta ação e não me negaste o teu filho, o teu único, que *deveras te abençoarei* e grandíssimamente multiplicarei a tua semente como as estrelas dos céus e como a areia que está na praia do mar..." (Gn 22.16,17; ênfase minha). Foi no jardim, naquela noite memorável, que Jesus, tendo a cruz diante de si e sabedor de que seria transformado em pecado por todos nós, afastou-se da presença dos outros, ajoelhou-se e orou: "... Pai, se queres, passa de mim este cálice; *todavia, não se faça a minha vontade,mas a tua.* E apareceu-lhe um anjo do céu, que o confortava. E, posto em agonia, orava mais intensamente. E o seu suor tornou-se em grandes gotas de sangue que corriam até ao chão" (Lc 22.42-44; ênfase minha). Jesus de bom grado foi aquele supremo sacrifício e espontaneamente deu sua vida por nossa salvação. Ouçam suas palavras em João 10.15: "... e dou a minha vida pelas ovelhas". Diz de novo no versículo 17: "Por isso, o Pai me ama, porque dou a minha vida para tornar a tomá-la".

A multidão de sacrifícios oferecidos no Átrio do Tabernáculo não foi suficiente para cobrir todos os pecados. Mas o sangue de Jesus Cristo é suficiente para todos e nos lava de todo pecado. Em Zacarias 13.6, lemos estas palavras: "... Que feridas são essas nas tuas mãos?, dirá ele: São as feridas com que fui ferido na casa dos meus amigos". Isto não nos faz lembrar de Jesus? Mesmo aqueles tão próximos a Ele, o deixaram. Houve Judas que o vendeu por trinta moedas de prata, Pedro que o negou, e naquela mesma noite todos se foram. Que dor deve ter sido para Jesus. As feridas causadas por amigos são mais dolorosas do que as causadas por um inimigo.

As peles de carneiro foram tingidas de vermelho; não era sua cor natural. Isto nos fala de sofrimento. Não é normal uma pessoa desejar sofrer, ser sempre obediente, ou desejar ser um holocausto completo. Uma pessoa não deseja, naturalmente, dar a sua vida sem reservas ao Senhor, para seu serviço e para cumprir sua vontade. O nosso "eu" natural não tem cor certa, mas, assim como as peles de carneiro, nós e toda a nossa vida, precisamos ser "tingidos de vermelho" para entrar no plano de Deus.

Não foi normal que David Livingstone deixasse o conforto de sua casa e se perdesse na África em meio a almas desesperadamente carentes. Não foi normal que Lilian Trasher cancelasse seus planos de casamento, e ainda jovem fosse para o Egito dar a sua vida aos pobres órfãos indesejados. Não foi normal que Victor Plymire deixasse sua vida confortável nos Estados Unidos e fosse para o Tibete como um dos primeiros missionários protestantes a entrar naquele país hostil. Em pouco tempo enterrou seu filho e logo depois sua esposa. Mas ele não voltou para casa. Sob as piores condições ele viajava por todo o país distribuindo literatura Evangélica. Sua vida corria perigo dia e noite por conta do povo hostil e do clima inóspito. Seu objetivo era: "Todos os que querem, devem ter o direito de escutar o Evangelho". E ali gastou sua vida.

Lembro-me de uma pessoa de nosso tempo e geração que ouviu o chamado de Deus. O preço a pagar para cumprir o chamamento não entrou em consideração. Mark Buntain e sua esposa Hulda foram para Calcutá, na Índia, em 1954. Fizeram seu lar em um pequeno apartamento de sobrado. Moravam em um lugar simples para que pudessem atingir facilmente os pobres e oprimidos. Mark e Hulda deram tudo o que tinham para poder ajudar os necessitados, tirando-os de moradias miseráveis e da sujeira, e levando-lhes o Evangelho de Cristo. Alimentavam os famintos, vestiam os nus e abrigavam os sem-teto. Seus corações eram dirigidos por compaixão pelas pessoas e por uma intensa paixão por Cristo. Tudo o que desejavam era trazer aquelas pessoas a àquEle que poderia fazer toda a diferença em suas vidas .

Após cerca de dez anos, ao falar em uma grande convenção nos Estados Unidos, Mark relatou uma experiência que tivera um dia, numa loja de departamentos. Contou que quando observava os preparativos para a época de Natal, pareceu-lhe ouvir uma voz que dizia: "Se você ficasse aqui mesmo em casa, poderia também ter algumas destas coisas boas da vida". Porém, este foi um momento fugaz. Ali mesmo ele pensou nas milhares de pessoas na Índia, que nada possuíam e que não conheciam a Cristo. Sua resposta àquela voz foi: "Leva tudo isto, mas dá-me a Índia com suas milhões de almas que precisam de Jesus". Voltou para a Índia com uma paixão ainda maior queimando em seu coração e construiu ali um dos melhores hospitais em Calcutá, alimentando 20.000 pessoas por dia e treinando jovens para levar o evangelho. Deu-se completamente para a causa de Cristo até que seu coração simplesmente parou de bater e ele foi estar com o Senhor. Sua esposa Hulda e um grupo de colaboradores ainda continuaram a levar o trabalho adiante. Não foi uma coisa natural eles irem para lá. Eles negaram a si mesmos as coisas que um dia consideraram como necessidades da vida, para imiscuir-se com pessoas vivendo em meio à sujeira, mal cheiro e servidão. Identificaram-se com elas para levar-lhes liberdade e esperança em Cristo. Mark Buntain era "tingido de vermelho". Devemos nos perguntar: Nos qualificamos a ser considerados como alguém "tingido de vermelho"?

Saulo, um judeu jovem e ambicioso, esforçava-se para ser erguido às alturas da honra e do reconhecimento entre as fileiras dos fariseus e já estava bem a caminho de atingir tão desejado *status*. Contudo, quando ia a Damasco para destruir ali o testemunho cristão, encontrou-se com Jesus Cristo, que mudou sua vida, seus objetivos e seus desejos. As palavras do Senhor para Ananias, no sentido de que orasse pela cura de Saulo, têm um profundo significado: "E eu lhe mostrarei quanto deve padecer pelo meu nome" (At 9.16). Quantos de nós estaríamos ansiosos para seguir Jesus se soubéssemos de antemão todas as dificuldades que iríamos encontrar adiante? Paulo enumera algumas de suas experiências em 2 Coríntios 11.23-30: "... em trabalhos, muito mais; em açoites, mais do que eles; em prisões, muito mais; em perigo de morte, muitas vezes. Recebi dos judeus cinco quarentenas de açoites menos um; três vezes fui açoitado com varas, uma vez fui apedrejado, três vezes sofri naufrágio, uma noite e um dia passei no abismo; em viagens, muitas vezes, em perigos de rios, em perigos de salteadores, em perigos dos da minha nação, em perigos dos gentios, em perigos na cidade, em perigos no deserto, em perigos no mar, em perigos entre os falsos irmãos; em trabalhos e fadiga, em vigílias, muitas vezes, em fome e sede, em jejum, muitas vezes, em frio e nudez. Além das coisas exteriores, me oprime cada dia o cuidado de todas as igrejas. Quem enfraquece, que eu também não enfraqueça? Quem se escandaliza, que eu não me abrase? Se convém gloriar-me, gloriar-me-ei no que diz respeito à minha fraqueza". Ele não está buscando simpatia de quem quer que seja, mas alegra-se de poder sofrer tais coisas por Cristo. Em Filipenses 3.7-8, expressa ele esta verdade: "Mas o que para mim era ganho reputei-o perda por Cristo. E, na verdade, tenho também por perda todas as coisas, pela excelência do conhecimento de Cristo Jesus, meu Senhor; pelo qual sofri a perda de todas estas coisas...". Estas eram almas "tintas de vermelho" e seus galardões eternos são inquestionáveis. Quanto dessa tintura vermelha nossas vidas tem absorvido?

Uma vez mais Jesus entra em cena com suas vestes tintas de sangue. "E vi o céu aberto, e eis um cavalo branco. O que estava assentado sobre ele chama-se Fiel e Verdadeiro e julga e peleja com justiça. E os seus olhos eram como chama de fogo; e sobre a sua cabeça havia muitos diademas; e tinha um nome escrito que ninguém sabia, senão ele mesmo. E estava vestido de uma veste salpicada de sangue, e o nome pelo qual se chama é a Palavra de Deus. E seguiam-no os exércitos que há no céu em cavalos brancos e vestidos de linho fino, branco e puro. E da sua boca saía uma aguda espada, para ferir com ela as nações; e ele as regerá com vara de ferro e ele mesmo é o que pisa o lagar do vinho do furor e da ira do Deus

Todo-poderoso. E na veste e na sua coxa tem escrito este nome: Rei dos Reis e Senhor dos Senhores" (Ap 19.11-16). "Quem é este, que vem de Edom, de Bozra, com vestes tintas?..." (Is 63.1). É o nosso Senhor triunfante e vitorioso. Todo joelho se dobrará em sua presença.

Oh, peles de carneiro tintas de vermelho, deixem-me bem aprender a lição: minha vida não é minha, mas pertence a Deus, e então eu não terei vivido em vão.

Capítulo 8

A Cortina de Pêlo de Cabra

“Farás também cortinas de pêlos de cabras por tenda sobre o tabernáculo; de onze cortinas a farás. O comprimento de uma cortina será de trinta côvados, e a largura da mesma cortina, de quatro côvados; estas onze cortinas serão de uma medida. E ajuntarás cinco destas cortinas por si e as outras seis cortinas também por si: e dobrarás a sexta cortina diante da tenda. E farás cinqüenta laçadas na borda de uma cortina, na extremidade, na juntura, e outras cinqüenta laçadas na borda da outra cortina, na segunda juntura. Farás também cinqüenta colchetes de cobre e meterás os colchetes nas laçadas; e, assim, ajuntarás a tenda para que seja uma. E o resto que sobejar das cortinas da tenda, a metade da cortina que sobejar, penderá sobre as costas do tabernáculo. E um côvado de um lado e outro côvado de outro, que sobejará no comprimento das cortinas da tenda, penderá de sobejo aos lados do tabernáculo de um e de outro lado, para cobri-lo" (Êx 26.7-13).

A cortina de pêlo de cabra era bastante diferente das duas outras que a encimavam e parece ser uma divisória entre aquelas e a bela cobertura de linho fino entretecido que fica logo abaixo. Esta cortina também tem para nós uma mensagem. Ela é feita de onze cortinas de aproximadamente 15 metros por 2 metros. Cinco das cortinas formam, costuradas, uma só peça, as outras seis são igualmente atadas de modo a também se constituírem em uma só peça. A quinta cortina da primeira peça tinha cinqüenta alças, de igual modo a segunda peça (que consistia de seis cortinas) também possuía cinqüenta alças. As peças eram então ligadas uma à outra por meio de cinqüenta ganchos de bronze, tornando a cobertura inteira, uma das onze cortinas. Esta deveria ser colocada sobre o Tabernáculo de modo que as cinqüenta alças e ganchos ficassem bem sobre o meio deste. A peça contendo as cinco cortinas cobriria a área do Santo dos Santos, e a parte com as seis cortinas cobriria o Lugar Santo. Uma vez que esta última peça continha uma cortina a mais, a sexta dobrar-se-ia para trás. Assim, nesta cobertura temos o número cinco, que é número da Graça, e na outra extremidade, o número seis, que é o número do homem. As cinqüenta alças e ganchos que fazem a ligadura das duas peças significam Deus e o homem unidos pela Graça.

Cinqüenta é também um número de significado. No Antigo Testamento, passaram-se cinqüenta dias da noite de Páscoa de Israel, quando o Senhor voltou a falar-lhes no monte Sinai: "Eu sou o Senhor, teu Deus... Não terás outros deuses diante de mim" (Êx 20.2,3). Nessa ocasião, Ele lhes deu os dez mandamentos e identificou-se com o seu povo. Foi o tempo em que Deus fez aliança com o homem.

No Novo Testamento, temos de novo o número cinqüenta, de grande importância para o seu povo. Foi cinqüenta dias após a ressurreição de nosso Senhor que veio o Dia de Pentecostes em sua plenitude, quando o Senhor derramou de seu Espírito sobre os que esperavam e oravam reunidos no Cenáculo. "E, de repente, veio do céu um som, como de um vento veemente e impetuoso, e encheu toda a casa em que estavam assentados. E foram vistas por eles línguas repartidas, como que de fogo, as quais pousaram sobre cada um deles. E todos foram cheios do Espírito Santo e começaram a falar em outras línguas, conforme o Espírito Santo lhes concedia que falassem" (At 2.2-4). A resposta de Pedro à multidão que começou a juntar-se foi muito clara e todo aquele que desejasse poderia compreendê-la: "Mas isto é o que foi dito pelo profeta Joel: E nos últimos dias acontecerá, diz Deus, que do meu Espírito derramarei sobre toda a carne; e os vossos filhos e as vossas filhas profetizarão, os vossos jovens terão visões, e os vossos velhos sonharão sonhos; e também do meu Espírito derramarei sobre os meus servos e minhas servas, naqueles dias, e profetizarão" (At 2.16-18). Vivemos agora em tempos de Novo Testamento, quando a Graça de Deus (número cinco), unida com cinqüenta ganchos ao homem (número seis), deu-nos seu Espírito Santo (número cinqüenta) para ser nosso Consolador.

O propósito dos cinqüenta ganchos era: "... para que seja uma" (Êx 26.11). O Senhor deu seu Espírito à Igreja para que fôssemos um. Ouçamos a oração de Jesus: "Para que todos sejam um, como tu, ó Pai, o és em mim, e eu, em ti; que também eles sejam um em nós, para que o mundo creia que tu me enviaste" (Jo 17.21). É o Espírito Santo que faz com que todos nós, os que cremos, sejamos um em Cristo. Ele também nos fará estar em perfeita união e harmonia com o próprio Deus. Em Êxodo 26.11, a cortina de pêlo da cabra é chamada de "a tenda". É a maior de todas as cortinas. De modo similar, o Espírito Santo deseja cobrir a Igreja.

O significado do número cinqüenta ficou evidente a partir do ano especial mencionado em Levítico 25.8-54, chamado "O Ano do Jubileu". Viria a cada cinqüenta anos, tempo em que a terra teria descanso. Não haveria aragem nem semeadura, sendo apenas colhido o que crescesse espontaneamente. Seria um ano "santo", no qual toda propriedade deveria ser devolvida a seu possuidor original, tivesse ela sido vendida ou tomada em pagamento de alguma dívida. Todas as dívidas eram canceladas e os escravos libertados. O Espírito Santo veio no qüinquagésimo dia após a ressurreição de Cristo, para restaurar o que se havia perdido e a Igreja pudesse ser um poder dinâmico neste mundo contra as forças do inferno. O que se houvesse vendido ou sido tomado pelo inimigo em pagamento deveria ser devolvido, levantando-se a Igreja com poder renovado. O escravo e servo deveriam ser libertados e toda a servidão abolida.

A Escritura não diz, mas geralmente os estudiosos da Bíblia concordam que o pêlo de cabra usado no Tabernáculo deve ter sido o de uma espécie de animal tendo o pêlo branco, longo e sedoso, que lembra o da cabra angorá de hoje. Tal pelagem daria uma cobertura muito delicada, porém resistente, com uma beleza peculiar. Entretanto, como a Escritura não especifica a cor, deixemos aqui o assunto.

Semelhante a um Ministério Profético

Esta cortina de pêlo nos lembra de um outro ministério dos tempos do Antigo Testamento. Os profetas do Senhor eram facilmente reconhecíveis pelas vestimentas que usavam. Suas roupas de pêlos de animais eram um sinal para o povo de que aqueles homens eram mensageiros de Deus. O rei Acazias não teve problemas em concluir que era o profeta Elias "um certo homem" que havia interceptado seus mensageiros, porque estes lhe disseram que vestia-se de "... pêlos e com os lombos cingidos de um cinto de couro" (2 Rs 1.8). João Batista usava vestes "... de pêlos de camelo e com um cinto de couro..." (Mc 1.6). As pessoas vinham e lhe perguntavam: "... És tu Elias?... És tu profeta?..." (Jo 1.21). A resposta de João Batista foi: "... Eu sou a voz do que clama no deserto: Endireitai o caminho do Senhor" (v. 23). Zacarias 13.4 avisa aos falsos profetas para não usarem vestimenta de profeta, de pêlos, para enganar. Nesta época da Igreja é necessário que haja um ministério profético para os cristãos e para o mundo, que seja distinto como uma mensagem do Senhor. O Espírito do Senhor conclama a Igreja do Novo Testamento: "Segui a caridade e procurai com zelo os dons espirituais, mas *principalmente o de profetizar*" (1 Co 14.1; ênfase minha). Que o Senhor possa levantar um exército de "profetas" de Deus com uma mensagem e um ministério vindos do coração de Deus para uma humanidade ferida e irremediavelmente à beira da morte. Que Ele possa dar-nos pessoas não apenas vestindo "roupa de profeta", mas profetas de fato. O profeta Amós lamentava o fato de haver em Israel a falta de verdadeiros profetas, conforme lemos no capítulo 2: "E dentre vossos filhos levantei profetas, e dentre os vossos mancebos nazireus. Não é isto assim, filhos de Israel? diz o Senhor. Mas vós aos nazireus destes vinho a beber, e aos profetas ordenastes, dizendo: Não profetizeis" (vv. 11,12). No capítulo 3, ele nos diz quão importante é um ministério profético: "Certamente o Senhor Jeová não fará coisa alguma, sem ter revelado o seu segredo aos seus servos, os profetas. Bramiu o leão, quem não temerá? Falou o Senhor Jeová, quem não profetizará?" (vv. 7,8). Nesta época da Igreja não é mais costume que os profetas se vistam de modo peculiar, com vestimentas feitas de pele de camelo ou de cabra, e cingidos de couro. Tampouco fazem eles dieta de gafanhotos como João Batista ou se lhes é exigido viverem em áreas desérticas. Normalmente, não chamamos certas pessoas de profetas, contudo o dom de profecia deve ter um papel importante na Igreja da época do Novo Testamento. Deus tem critérios com relação às características que darão destaque a alguém como profeta.

Profecia significa mais do que freqüentar a Escola Teológica e aprender bem as doutrinas da igreja, organizar um sermão e pregá-lo com habilidade e elegância. A pregação da Palavra poderá conter profecia, mas é seguro dizer-se que a maior parte da pregação moderna não contém qualquer ministério profético.

O Novo Testamento deixa bem claro que a Igreja seria abençoada com um ministério de profetas. No dia de Pentecostes, quando Pedro ministrou sua mensagem habitual, um dos primeiros pontos que enfatizou foi exatamente esta verdade: "E nos últimos dias acontecerá, diz Deus, que do meu Espírito derramarei sobre toda a carne; e os vossos filhos e as vossas filhas profetizarão, os vossos jovens terão visões, e os vossos velhos sonharão sonhos; e também do meu Espírito derramarei sobre os meus servos e minhas servas, naqueles dias, e profetizarão" (At 2.17,18).

Quando Paulo recontava os vários ministérios da Igreja, incluiu também o ministério do profeta: "E ele mesmo deu uns para apóstolos, e outros para *profetas*, e outros para evangelistas, e outros para pastores e doutores" (Ef 4.11; ênfase minha). "Na igreja que estava em Antioquia havia alguns profetas e doutores..." (At 13.1). Em Atos 21.8,9, lemos: "... de Filipe, o evangelista, que era um dos sete, ficamos com ele. Tinha este quatro filhas donzelas, que profetizavam". Lucas adiante menciona, nos versículos 10 e 11: "... chegou da Judéia um profeta, por nome Ágabo; e, vindo ter conosco, tomou a cinta de Paulo e, ligando-se aos seus próprios pés e mãos, disse: Isto diz o Espírito Santo: Assim ligarão os judeus, em Jerusalém, o varão de quem é esta cinta e o entregarão nas mãos dos gentios". Os presentes, incluindo Lucas, compreenderam mal a mensagem, pensaram que fora um aviso para Paulo não ir a Jerusalém, e tentaram dissuadi-lo de ir. Porém, Paulo tomou a profecia como sendo do Senhor, significando que Ele o fortaleceria e seria com ele mesmo naquele momento de tribulação. Diz assim Paulo, no versículo 13: "... Que fazeis vós, chorando e magoando-me o coração? Porque eu estou pronto não só a ser ligado, mas ainda a morrer em Jerusalém pelo nome do Senhor Jesus". "E, como não podíamos convencê-lo, nos aquietamos, dizendo: Faça-se a vontade do Senhor!" (v. 14). Deixem-me de novo dar devida ênfase ao fato, Ágabo não disse a Paulo que não fosse a Jerusalém, mas apenas confirmou algo que o Espírito Santo lhe revelara. Ouça as palavras de Paulo, em Atos 20.22-24: "E, agora, eis que, ligado eu pelo espírito, vou para Jerusalém, não sabendo o que lá me há de acontecer, senão o que o Espírito Santo, de cidade em cidade, me revela, dizendo que me esperam prisões e tribulações. Mas em nada tenho a minha vida por preciosa, contanto que cumpra com alegria a minha carreira e o ministério que recebi do Senhor Jesus, para dar testemunho do evangelho da graça de Deus". Podemos depreender da Palavra de Deus, que havia um forte ministério do profeta nos tempos do Novo Testamento.

Permitam-me divagar um pouco e considerar a responsabilidade do profeta de hoje. Há um certo padrão ao qual os profetas de nossos dias devem se adequar, assim como nos tempos do Antigo Testamento. Uma vez que o Profeta Ezequiel entra em detalhes com respeito ao modo como o Senhor Deus lidava com ele em preparação para seu ministério, olhemos sucintamente para algumas das principais experiências na vida do profeta.

1. "E disse-me: Filho do homem, põe-te em pé, e falarei contigo" (Ez 2.1). O Senhor falou a ele! Isto não é imaginação, sonho ou um momento de enlevo emocional. Deus falou, e ele sabia disso.

2. Ele foi enviado por Deus. "E disse-me: Filho do homem, eu te envio aos filhos de Israel..." (v. 3).

3. Ele devia falar, não procurar favores (vv. 4,5).

4. Ele devia ouvir. "... ouve o que eu te digo" (v. 8). Primeiro, ele devia *ouvir* e obedecer antes de esperar que os outros obedecessem à sua mensagem.

5. No capítulo 3, ele deveria encher-se com a Palavra. "... Filho do homem, come o que achares; come este rolo..." (v. 1). Adiante, no versículo 3, lemos: "Filho do homem, dá de comer ao teu ventre, e enche as tuas entranhas deste rolo que eu te dou...". Ele tinha de comer da Palavra, encher seu estômago dela. O profeta não pode ministrar adequadamente, sem cair em grande erro, a não ser que todo o seu ser esteja preenchido com a Palavra de Deus.

6. Sua mensagem não seria aceita com avidez. "... Israel não te quererá dar ouvidos, porque não me querem dar ouvidos a mim..." (v. 7). Mas Deus disse: "Fiz como diamante a tua fronte..." (v. 9).

7. Deus é soberano. "... lhes dirás: Assim diz o Senhor Jeová..." (v. 11). O profeta deveria estar seguro de que o que dizia era a exata mensagem do Senhor.

8. Ele tem uma experiência sobrenatural. "E levantou-me o espírito..." (v. 12). O Senhor dá habilidade divina à altura da tarefa.

9. O Senhor o levou ao lugar onde deveria ministrar. "E vim aos do cativeiro, a Tel-Abibe, que moravam junto ao rio Quebar..." (v. 15).

10. Ele não começou a pregar imediatamente. "... e eu morava onde eles moravam; e fiquei ali sete dias, *pasmado*". (v. 15; ênfase minha). A Bíblia na Versão King James (de língua inglêsa), diz: "... assentei-me onde se assentavam...". Ele teve de sentar-se junto com o povo por sete dias até que pudesse sentir o que eles sentiam. O profeta deve identificar-se com as pessoas que recebem instrução dele.

Que a cortina de pêlo de cabra possa tornar a mensagem bem clara para nós, para que a entendamos.

É interessante observar que as mulheres, aqui, têm especial reconhecimento na preparação destas cortinas de pêlos de cabra: "E todas as mulheres sábias de coração fiavam com as mãos e traziam o fiado, o pano azul, a púrpura, o carmesim e o linho fino. E todas as mulheres cujo coração as moveu em sabedoria fiavam os pêlos das cabras" (Êx 35.25,26). Observemos que era necessário que as mulheres tivessem habilidade para tecer com pêlos de cabras. De igual modo, as mulheres de hoje em dia têm um lugar especial no ministério do Senhor, nem melhor nem menor do que o dos homens.

O Senhor ordenou que Israel tivesse sete festivais a cada ano, quando deveria o povo reunir-se perante o Senhor. A primeira festa era a Festa da Páscoa, seguida da Festa dos

Pães Ásmos. Em seguida, a Festa das Primícias dos Frutos e após cinqüenta dias, a Festa do Pentecostes. Depois, havia a Festa das Trombetas, seguida pelo Dia da Expiação. Após estas vinha a Festa dos Tabernáculos. A mais solene das festas, além da Páscoa, era o Dia da Expiação.

Era nesta festa grandiosa que a atenção recaía sobre dois bodes especiais. Após Arão haver passado pelo processo de santificação própria para este dia, ordenou-lhe o Senhor: "Também tomará ambos bodes e os porá perante o Senhor, à porta da tenda da congregação. E Arão lançará sortes sobre os dois bodes: uma sorte pelo Senhor e a outra sorte pelo bode emissário. Então, Arão fará chegar o bode sobre o qual cair a sorte pelo Senhor e o oferecerá para *expiação* do pecado. Mas o bode sobre que cair a sorte para ser bode emissário apresentar-se-á vivo perante o Senhor, para fazer *expiação* com ele, para enviá-lo ao deserto como bode emissário" (Lv 16.7-10; ênfase minha). Como também nos versículos 20-22: "Havendo, pois, acabado de expiar o santuário, e a tenda da congregação, e o altar, então, fará chegar o bode vivo. E Aarão porá ambas as mãos sobre a cabeça do bode vivo e sobre ele confessará todas as iniqüidades dos filhos de Israel e todas as suas transgressões, segundo todos os seus pecados; e os porá sobre a cabeça do bode e enviá-lo-á ao deserto, pela mão de um homem designado para isso. Assim, aquele bode levará sobre si todas as iniqüidades deles à terra solitária; e o homem enviará o bode ao deserto". Era este o dia, o único dia em que o sumo sacerdote poderia entrar no Santuário para aspergir o sangue da expiação sobre o Propiciatório.

Ele teria de levar o bode sobre o qual caíra a sorte do Senhor e então, de acordo com o que se lê em Levítico 16.15,16: "Depois, degolará o bode da oferta pela expiação, que será para o povo, e trará o seu sangue para dentro do véu; e fará com o seu sangue como fez com o sangue do novilho, e o espargirá sobre o propiciatório e perante a face do propiciatório. Assim, fará expiação pelo santuário por causa das imundícias dos filhos de Israel e das suas transgressões, segundo todos os seus pecados...". Este bode era oferta pelo pecado, substituto por Israel, pelo qual ele teria de morrer. Isto tipifica Cristo, que morreu por nós. O bode emissário, que carregava os nossos pecados para longe, de modo que não pudesse voltar, fala-nos do perdão de nossos pecados, conforme declarado em Miquéias 7.19, de que Ele "... lançará todos os nossos pecados nas profundezas do mar". Isaías 38.17 diz: "... amorosamente abraçaste a minha alma, que não caiu na cova da corrupção, porque lançaste para trás das tuas costas todos os meus pecados". Sobre isto, lê-se também em Salmos 103.12: "Quanto está longe o Oriente do Ocidente, assim afasta de nós as nossas transgressões".

A primeira parte da cobertura de pêlo de cabra era dobrada de modo a fazê-la dupla sobre a frente do Tabernáculo. Há perdão em dobro para o coração arrependido que aceita o sangue da Expiação espargido sobre o Propiciatório, diante do Senhor. "Consolai, consolai o meu povo, diz o vosso Deus. Falai benignamente a Jerusalém e bradai-lhe que já a sua servidão é acabada, que a sua iniqüidade está expiada e que já recebeu em dobro da mão do Senhor, por todos os seus pecados" (Is 40.1,2). "Deixe o ímpio o seu caminho, e o homem maligno, os seus pensamentos e se converta ao Senhor, que se compadecerá dele; torne para o nosso Deus, porque grandioso é em perdoar" (Is 55.7). Perdão em dobro? Sim! Ele não perdoa apenas, Ele restaura o que foi perdido através do pecado. Foi Ele quem tomou a punição pelo nosso pecado e após fazê-lo concede-nos favores imerecidos e bençãos sobre nós.

Dobrando-se a seção frontal sobre si mesma, faz-se com que ambas as partes da cobertura de pêlo de cabra sejam de igual tamanho. Isto é, as cinco seções na parte posterior e a anterior que têm seis seções, porém, uma dobrada para trás — o que a faz ter também cinco seções de tamanho — nos levam a ter duas partes de cinco seções cada (cinco é o número da graça), por isso temos graça em dobro. Conforme lemos em João 1.16: "E todos nós recebemos também da sua plenitude, com *graça sobre graça*" (ênfase minha). Paulo bem claramente o declara em Romanos 5.20: "... mas, onde o pecado abundou, superabundou a graça". Este também era o desejo do coração do jovem profeta Eliseu quando Elias, o profeta mais velho, perguntou-lhe: "... o que queres que te faça, antes que seja tomado de ti?". A resposta de Eliseu foi: "Peço-te que haja porção dobrada do teu espírito sobre mim" (2 Rs 2.9).

Tiago também escreve sobre a graça de Deus: "... Deus resiste aos soberbos, dá, porém, graça aos humildes" (Tg 4.6). Deus não apenas receberá a pessoa que vem a Ele, mas também restaurará as bênçãos e benefícios de ser um membro da família de Deus. Jesus deixou isto claríssimo com a parábola do Filho Pródigo. O pai não apenas lhe deu um almoço para encher o estômago vazio; também o abraçou, beijou e lhe deu roupas novas, sapatos e pôs em seu dedo um anel. Isto indicava que sua vida estava completamente restaurada, sendo ele autorizado a considerar-se um membro da família. Para mostrar que o passado do filho ficara para trás, o pai deu uma grande festa para celebrar o fato de que o filho que estava "morto" vivia agora de novo e totalmente restaurado. Perdão em dobro e Graça em dobro são para você e para mim. Basta que os busquemos.

Deus apenas dá liberalmente suas bênçãos e misericórdia em porções dobradas para aqueles que o buscam com sincero coração, mas também lida com a geração espiritualmente adúltera e não arrependida, com justiça, julgando-a por seus pecados. "... retribuí-lhe em dobro conforme as suas obras; no cálice em que vos deu de beber, dai-lhe a ela em dobro" (Ap 18.6). Vemos aqui condenação em dobro para a geração espiritualmente adúltera. Oh, aqui oramos para que todos os que nos lêem corram para o Senhor e recebam dEle a porção dobrada de sua Graça. Graça dobrada e benção é o que o Senhor nos está oferecendo agora.

Capítulo 9

A Cortina de Linho Fino Entrelaçado

Esta era a cortina interna que cobria o Tabernáculo. "E o tabernáculo farás de dez cortinas de linho fino torcido, e pano azul, e púrpura, e carmesim; com querubins as farás de obra esmerada. O comprimento de uma cortina será de vinte e oito côvados, e a largura de uma cortina, de quatro côvados; todas estas cortinas serão de uma medida. Cinco cortinas se enlaçarão uma à outra; e as outras cinco cortinas se enlaçarão uma com a outra. E farás laçadas de pano azul na ponta de uma cortina, na extremidade, na juntura; assim também farás na ponta da extremidade da outra cortina, na segunda juntura. Cinqüenta laçadas farás numa cortina, e outras cinqüenta laçadas farás na extremidade da cortina que está na segunda juntura; as laçadas estarão travadas uma com a outra. Farás também cinqüenta colchetes de ouro e ajuntarás com estes colchetes as cortinas, uma com a outra, e será um tabernáculo" (Êx 26.1-6). Esta era uma cobertura de grande beleza, que só podia ser apreciada quando se entrasse no Tabernáculo. A beleza não podia ser vista pelo lado de fora. De igual modo, apenas aqueles que entram em relacionamento íntimo e comunhão com o Senhor podem ver e conhecer a maravilha e a beleza de servir a Jesus, nosso Senhor.

Esta cobertura era construída de modo similar à anterior, exceto pelo fato de que ela continha dez cortinas, cada uma com 28 côvados (aproximadamente 14 metros) de comprimento por 4 côvados (aproximadamente 2 metros) de largura. Cinco cortinas eram ligadas umas às outras, bem como as outras cinco, perfazendo duas partes de cerca de 14 por 10 metros. Estas duas partes eram ligadas entre si por cinqüenta laços de tecido azul na borda de cada última cortina de cada peça, que se encaixavam em cinqüenta ganchos de ouro. Tal como a cobertura anterior, agora esta nos lembra que os cinqüenta laços e ganchos apontam para o Pentecostes, a diferença sendo de que a cobertura de pêlo de cabra fazia-se unir com ganchos de bronze. O bronze significa julgamento.

A Lei fora dada a Israel cinqüenta dias após a Páscoa, e julgava e condenava aqueles que pecavam. Esta cortina interior era unida com cinqüenta ganchos de ouro. O ouro tipifica a divindade, ou o Espírito Santo que veio sobre os cento e vinte que se reuniam no Cenáculo, cinqüenta dias após a ressurreição de nosso Senhor e Salvador, Jesus Cristo. "Cumprindo-se o dia de Pentecostes, estavam todos reunidos no mesmo lugar; e, de repente, veio do céu um som, como de um vento veemente e impetuoso, e encheu toda a casa em que estavam assentados. E foram vistas por eles línguas repartidas, como que de fogo, as quais pousaram sobre cada um deles. E todos foram cheios do Espírito Santo e começaram a falar em outras línguas, conforme o Espírito Santo lhes concedia que falassem" (At 2.1-4). Quando se havia juntado uma multidão em razão do que viam e ouviam, Pedro destemidamente proclamou: "Mas isto é o que foi dito pelo profeta Joel: E nos últimos dias acontecerá, diz Deus, que do meu Espírito derramarei sobre toda a carne; e os vossos filhos e as vossas filhas profetizarão, os vossos jovens terão visões, e os vossos velhos sonharão sonhos; e também do meu Espírito derramarei sobre os meus servos e minhas servas, naqueles dias, e profetizarão" (At 2.16-18). João escreveu: "E todos nós recebemos também da sua plenitude, com graça sobre graça" (Jo 1.16). Sobre a Igreja recém-nascida e cheia do Espírito Santo, era dito que: "... os apóstolos davam, com grande poder, testemunho da ressurreição do Senhor Jesus, e *em todos eles havia abundante graça*" (At 4.33; ênfase minha). Esta cortina interior consistia de duas seções com cinco cortinas em cada uma. Temos de novo o número cinco (o número da Graça), duas vezes, o que significa Graça em Dobro. A cobertura mantinha-se unida com cinqüenta ganchos de ouro; o Senhor mantém a sua Igreja unida pela presença e o poder do Espírito Santo.

A Experiência de uma Nova Dimensão

Quando a pessoa entrava no Tabernáculo, seus passos dirigiam-se a uma dimensão e cenário totalmente novos. Não se via mais a cor escura e pardacenta das peles de texugo; era só beleza e glória. Assim é como a pessoa do mundo, que nunca compreenderá a razão pela qual o crente devoto tanto se maravilha acerca do modo cristão de viver. Tudo o que conseguem ver é a falta de atrativos das peles de texugo. Mas a beleza, o descanso, a alegria, a paz e a satisfação total só serão percebidas quando se entra numa vida com Cristo. Esta é a nova dimensão do viver e a experiência que irrompe sobre a vida da pessoa. O Cristianismo começou com o canto de hostes angelicais: "Glória a Deus nas alturas". A Igreja começou com línguas de fogo e um vento impetuoso, e participará da Ceia das Bodas do Cordeiro quando for tomada deste mundo. Deus planejou muitas experiências gloriosas e maravilhosas pelo caminho e nós não precisaremos nos deter no Altar de Bronze, na Pia ou em qualquer lugar entre eles. Há mais, muito mais além deles. Há uma "vida em Cristo" à disposição daqueles que quiserem entrar. Portanto, continuemos em nossa santa comunhão com o Senhor, no ponto em que o Espírito Santo nos revela Jesus em toda a sua beleza. O escritor aos Hebreus faz a seguinte colocação: "Pelo que, deixando os rudimentos da doutrina de Cristo, prossigamos até a perfeição..." (Hb 6.1).

Uma nova visão descortinou-se ante os olhos do sacerdote quando este penetrou no santuário. Ele viu as paredes cobertas de ouro, o azul, a púrpura, o escarlate, misturados ao linho branco e os querubins tão habilmente bordados na padronagem. Tudo isto revelado pelo brilho de sete lâmpadas sobre o candelabro. Que visão! Não é de admirar que a reação espontânea do cristão que aprofunda sua caminhada com Deus quase sempre seja: "Isto é como o Paraíso para mim!".

Este É o Santo Lugar

Quando de seu primeiro encontro com Deus, Moisés escondeu seu rosto, Isaías bradou "ai de mim" e Daniel caiu sobre o rosto. João, o amado, na ilha de Patmos, caiu como morto ao ver Cristo glorificado. Paulo disse ter ouvido palavras inexprimíveis. Quando alguém se encontra com o Senhor Jesus em Pessoa, o lugar onde se está passa a ser um lugar de profundas experiências.

Olhando para cima, no Lugar Santo, a pessoa vê as figuras bordadas dos querubins que com suas asas abertas pairam acima. Neste ponto, unamo-nos ao grande músico Davi em sua canção: "Habitarei no teu tabernáculo para sempre; abrigar-me-ei no oculto das tuas asas" (Sl 61.4); "Ele te cobrirá com as suas penas, e debaixo das suas asas estarás seguro; a sua verdade é escudo e broquel" (Sl 91.4). Um cancionista mais moderno, Ira D. Sankey, escreveu:

Sob suas asas seguramente habito;
Embora a noite seja profunda

E as tempestades furiosas,
Ainda eu posso confiar nEle; sei que me guardará;
Ele me redimiu e seu filho sou.

Sob suas asas, Oh que gozo precioso!
Ali me esconderei até o fim da provação da vida,
Envolto, protegido, nenhum mal pode tocar-me;
Descansando em Jesus seguro estou p'ra sempre.

Coro:

Sob suas asas, sob suas asas,
Quem me pode de seu amor separar?
Sob suas asas minh'alma estará
Em segurança p'ra sempre a habitar.

Este é o lugar privilegiado do filho de Deus. Entremos constantemente aqui, onde a paz do céu enche-nos a alma e onde temos um esconderijo das tempestades da vida.

Capítulo 10

O Castiçal de Ouro

"Também farás um castiçal de ouro puro; de ouro batido se fará este castiçal; o seu pé, as suas canas, as suas copas, as suas maçãs e as suas flores serão do mesmo. E dos seus lados sairão seis canas: três canas do castiçal de um lado dele e três canas do castiçal do outro lado dele. Numa cana haverá três copos a modo de amêndoas, uma maçã e uma flor; e três copos a modo de amêndoas na outra cana, uma maçã e uma flor; assim serão as seis canas que saem do castiçal. Mas no castiçal mesmo haverá quatro copos a modo de amêndoas, com suas maçãs e com suas flores; e uma maçã debaixo de duas canas que saem dele; e ainda uma maçã debaixo de duas outras canas que saem dele; e ainda mais uma maçã debaixo de duas outras canas que saem dele: assim se fará com as seis canas que saem do castiçal. As suas maçãs e as suas canas serão do mesmo; tudo será de uma só peça, obra batida de ouro puro. Também lhe farás sete lâmpadas, as quais se acenderão para alumiar defronte dele. Os seus espevitadores e os seus apagadores serão de ouro puro. De um talento de ouro puro os farás, com todos estes utensílios. Atenta, pois, *que o faças conforme o seu modelo, que te foi mostrado no monte*"(Êx 25.31-40; ênfase minha). Continuamos vendo a importância de se seguir com precisão as instruções do Senhor.

A entrada no santuário era certamente uma experiência profundamente tocante. Não havia janela nem abertura para a luz natural penetrar. A atenção era imediatamente levada ao belo Castiçal de Ouro com as sete lâmpadas de ouro em suas hastes. Este não era um lugar triste, escuro, porém o brilho das lâmpadas refletia-se nas paredes de ouro, iluminando todo o aposento. Junto a outra parede estava a Mesa dos Pães da Proposição e na extremidade, próximo à cortina pesada, ficava o Altar do Incenso. A Mesa dos Pães da Proposição e o Altar do incenso também eram cobertos de ouro. Poderia isto ser o começo do que Paulo se referiu em 1 Coríntios 2.9,10: "... As coisas que o olho não viu, e o ouvido não ouviu, e não subiram ao coração do homem são as que Deus preparou para os que o amam. Mas Deus no-las revelou pelo seu Espírito".

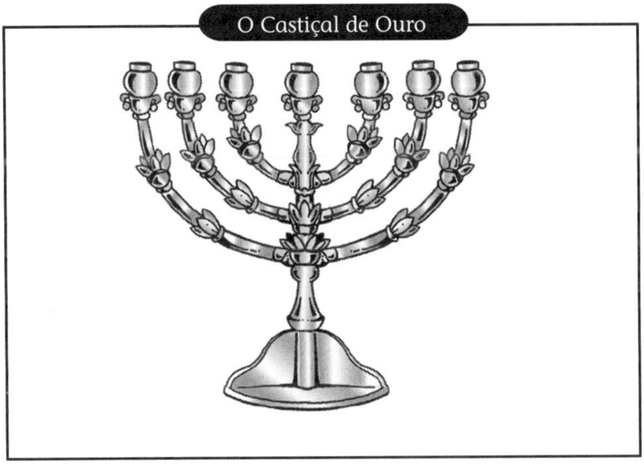

Extraído do mapa "O Tabernáculo", CPAD.

O Castiçal era feito de um talento de puro ouro batido. É difícil manter conta precisa da quantidade de ouro realmente contida no Castiçal, pois em épocas diferentes da História houve mudanças nos padrões de medidas e cunhagem de moedas. Não há tamanho declarado para o Castiçal, apenas declara-se que devia conter um talento de ouro. Alguns sustentam que um talento eqüivaleria aproximadamente a 100 libras (45,3 quilos), mas, qualquer que fosse a medida, aceitamos o fato de que aos olhos de Deus era a medida certa. Em 1956, um estudioso da Bíblia chegou à conclusão de que o valor em ouro teria sido 56 mil dólares. Acho que pelas cotações modernas seria muitas vezes mais.

O Castiçal tipifica nosso Salvador. Ele é o cumprimento pleno da vontade de Deus para a salvação do homem. A representação desse fato é o ouro batido. Jesus mesmo o disse: "Porventura, não convinha que o Cristo padecesse essas coisas e entrasse na sua glória?" (Lc 24.26). Isaías profetizou seu sofrimento: "Mas ele foi ferido pelas nossas transgressões e moído pelas nossas iniqüidades; o castigo que nos traz a paz estava sobre ele, e, pelas suas pisaduras, fomos sarados. Todos nós andamos desgarrados como ovelhas; cada um se desviava pelo caminho, mas o *Senhor fez cair sobre ele a iniqüidade de nós todos*" (Is 53.5,6; ênfase minha). Hebreus 2.10 nos conta: "... consagrasse, pelas aflições, o Príncipe da salvação deles". E adiante, no capítulo 5, versículo 8: "... aprendeu a obediência, por aquilo que padeceu". Nosso Salvador foi espancado e maltratado, mas o ouro puro de modo algum foi ferido ou diminuído em valor. Ele é a luz verdadeira em um mundo de trevas.

O Castiçal é também um símbolo de Cristo unido aos que crêem. Ele é o eixo principal e nós somos as hastes, mas as hastes são parte do tronco principal. As hastes não foram colocadas mais tarde, porém tudo é formado de uma só peça. Jesus disse: "Eu sou a videira, vós, as varas; quem está em mim, e eu nele, este dá muito fruto, porque sem mim nada podereis fazer" (Jo 15.5). Separado da videira, o ramo não serve para coisa alguma senão para ser atirado ao fogo e queimado. Em 1 Coríntios 12.12, lemos: "Porque, assim como o corpo é um e tem muitos membros, e todos os membros, sendo muitos, são um só corpo, assim é Cristo também".

O mesmo martelo que deu forma ao eixo central também martelou e deu forma às hastes. Disse Paulo: "... para conhecê-lo... e a comunicação de suas aflições..." (Fp 3.10).

A mesma qualidade de ouro é usada nas hastes e no eixo. É todo o mesmo ouro e tudo, uma só peça. Na bigorna de Deus, muitas belas lâmpadas foram feitas: Moisés, Davi, Daniel e muitos outros em tempos bíblicos. Hoje, o Senhor está moldando e martelando a muitos para que se adaptem ao seu padrão. O ouro refinado não se destrói sob pancadas, marteladas e modelagem. Lembremo-nos de que o martelo está na mão de Deus. As batidas nas hastes são também sentidas no eixo. Lembrem-se: "Porque não temos um sumo sacerdote que não possa compadecer-se das nossas fraquezas; porém um que, como nós, em tudo foi tentado, mas sem pecado" (Hb 4.15). Ele sente nossas dores.

O Castiçal e a Igreja

No livro de Apocalipse, o Castiçal tipifica a Igreja. "E virei-me para ver quem falava comigo. E, virando-me, vi sete castiçais de ouro; e, no meio dos sete castiçais, um semelhante ao Filho do Homem, vestido até aos pés de uma veste comprida e cingido pelo peito com um cinto de ouro" (Ap 1.12,13). "O mistério das sete estrelas, que viste na minha destra, e dos sete castiçais de ouro. As sete estrelas são os anjos das sete igrejas, e *os sete castiçais, que viste, são as sete igrejas*" (v. 20; ênfase minha). Aqui no Apocalipse, vemos igrejas como castiçais e Jesus andando no meio deles. Oh, Igreja, tu não és uma organização a ser dirigida e regulada por pastores e juntas fazendo "negócios para Deus". A Igreja deve ser aquela na qual Jesus é "Senhor," onde Ele não precisa ser convidado a entrar, mas ao contrário, onde as pessoas *venham encontrá-lo*. João o viu andando em meio a Castiçais de Ouro, com cabelo parecendo lã, brancos como a neve, e com olhos como chamas de fogo. Seus pés, como bronze polido, sua voz, como som de muitas águas. Este é o Jesus que anda no meio da sua

Igreja. Para a igreja que já perdeu seu primeiro amor, Ele diz: "Tenho, porém, contra ti que deixaste a tua primeira caridade. Lembra-te, pois, *de onde* caíste, e arrepende-te, e pratica as primeiras obras; quando não, brevemente a ti virei e tirarei do seu lugar o teu castiçal, se não te arrependeres" (Ap 2.4,5; ênfase minha). Ele não diz: "Farei com que feches as portas de tua igreja, e tu não mais te reunirás como igreja". Ele não diz coisa alguma desse tipo. Suas palavras são: "... tirarei do seu lugar o teu castiçal". Isto significa que vocês ainda estarão se reunindo, cantando hinos, fazendo orações, pregando sermões, mas o Castiçal já se terá ido. O poder do Espírito Santo e a Luz de Deus já terão partido. Oh, Igreja, sejamos o Castiçal do Senhor e nos preenchamos regularmente com o Espírito Santo para que as lâmpadas se acendam com claridade e assim, Jesus estará caminhando em nosso meio.

O Candelabro consistia de um eixo central principal com uma lâmpada em cima, e de cada lado saiam três hastes. Eis a importância de Cristo como o centro. As seis hastes dos lados constituem o número do homem. Com a inclusão do centro o número é sete, isto é, o número da perfeição de Deus. Sem Jesus no centro, a igreja é apenas um clube social. Pode ter bons e nobres objetivos em mente, mas Jesus não está ali. Você consegue ver as pegadas de Jesus na sua igreja? A Luz de Deus está brilhando para um povo em trevas? "... Todos vós sois filhos da luz..." (1 Ts 5.5).

As lâmpadas necessitavam ser cheias duas vezes por dia para mostrarem-se acesas. "Tu, pois, ordenarás aos filhos de Israel que te tragam azeite puro de oliveiras, batido, para o candeeiro, para fazer arder as lâmpadas continuamente. Na tenda da congregação fora do véu, que está diante do Testemunho, Arão e seus filhos as porão em ordem, desde a tarde até pela manhã..." (Êx 27.20,21). O óleo utilizado era um azeite de oliveira especial, que tipifica o Espírito Santo.

Vemos assim quão dependentes eram as lâmpadas. Arão e seus filhos deviam dispensar-lhes cuidados e serviços diários. Elas precisavam de novos suprimentos de azeite regularmente. Não podemos acumular grande quantidade de unção do Espírito Santo que dure mais ou menos um mês. Precisamos de unção diária, se queremos ser uma luz para Ele.

Zacarias, o profeta, também viu um castiçal de ouro maciço com sete lâmpadas no topo, porém com detalhes diferentes. Em cada lado do castiçal havia uma oliveira parecendo verter azeite de si mesma para o interior de um grande recipiente, dali o azeite fluía livremente para dentro das lâmpadas. Quando o profeta perguntou: "Senhor meu, que é isto?" (Zc 4.4), a resposta foi: "Não por força, nem por violência, mas pelo meu Espírito, diz o Senhor dos Exércitos" (v. 6). Então, Ele diz ao profeta que um grande livramento viria pelo Espírito do Senhor. Isaías profetizou com relação a Cristo: "O Espírito do Senhor Jeová está sobre mim, porque o Senhor me ungiu para pregar boas-novas aos mansos; enviou-me a restaurar os contritos de coração, a proclamar liberdade aos cativos e a abertura de prisão aos presos; a apregoar o ano aceitável do Senhor..." (Is 61.1,2). Em ambas as Escrituras, percebemos que até livramentos nacionais e transformações vêm forçosamente por obra do Espírito Santo usando sua Igreja.

Consideremos agora a lâmpada. A beleza da lâmpada não melhorava a qualidade da luz. Primeiro, ela precisava de óleo, mas além disso a lâmpada antiga necessitava de um outro item, que, quando a lâmpada funcionava bem, nem era lembrado. Era o pavio. O pavio tinha de estar totalmente embebido de azeite para que, quando aceso, a lâmpada pudesse dar luz. O pavio não chamava a atenção. Ele apenas era notado quando estava sujo de fuligem ou pecisava ser limpo e aparado, ou quando sua luz não permanecia com a intensidade devida. Aí sim, a atenção se voltava para ele. Em minha caminhada cristã, eu chamo a atenção para mim mesmo ou os outros vêem Jesus em mim? Em Êxodo 25.38, o Senhor deu ordens para que os aparadores de pavios fossem de ouro puro, para mantê-los limpos. Quando o pavio estivesse completamente limpo, deveria ser totalmente ensopado de azeite. Os aparadores de pavio são necessários na Igreja para que as lâmpadas não deixem de brilhar. "Senhor, mantém-me brilhando para ti até o raiar do dia", dizia um coro que costumávamos cantar.

No momento de crise, as cinco virgens tolas tiveram de confessar:

"... as nossas lâmpadas se apagam" (Mt 25.8). A tragédia foi que, ao retornar após obterem azeite, a porta estava fechada. Sansão perdera o poder do Espírito Santo e não o soube. Estava tão cheio de suas próprias vontades e desejos, que não percebeu quando o Senhor o deixou. Salmos 66.18 contém a admoestação: "Se eu atender à iniqüidade no meu coração, o Senhor não me ouvirá". Ouvimos as palavras de Jesus: "Vós sois a luz do mundo; não se pode esconder uma cidade edificada sobre um monte; nem se acende a candeia e se coloca debaixo do alqueire, mas, no velador, e dá luz a todos que estão na casa. Assim resplandeça a vossa luz diante dos homens, para que vejam as vossas boas obras e glorifiquem a vosso Pai, que está nos céus" (Mt 5.14-16). Que eu sempre seja uma luz brilhante para o Senhor.

Capítulo 11

A Mesa dos Pães da Proposição

"Também farás uma mesa de madeira de cetim; o seu comprimento será de dois côvados, e a sua largura, de um côvado, e a sua altura, de um côvado e meio, e cobri-la-ás com ouro puro; também lhe farás uma coroa de ouro ao redor. Também lhe farás uma moldura ao redor, da largura de uma mão, e lhe farás uma coroa de ouro ao redor da moldura. Também lhe farás quatro argolas de ouro; e porás as argolas nos quatro cantos, que estão nos seus quatro pés. Defronte da moldura estarão as argolas, como lugares para os varais, para se levar a mesa. Farás, pois, estes varais de madeira de cetim e cobri-los-ás com ouro; e levar-se-á com eles a mesa. Também farás os seus pratos, e as suas colheres, e as suas cobertas, e as suas tigelas com que se hão de cobrir; de ouro puro os farás. E sobre a mesa porás o pão da proposição perante a minha face continuamente" (Êx 25.23-30).

A mesa do Senhor está sempre posta e Ele convida seus filhos para virem cear. Um convite para festa é uma grande expressão de amizade e comunhão. Jesus deu-nos a parábola para enfatizar essa verdade em Mateus 22.1-14, mas também nos mostrou a gravidade de se desprezar o convite. O rei enviou convites para as bodas; mas na hora de ir, os que foram convidados fizeram pouco caso do convite e o rejeitaram. O rei, insultado, fez com que fossem destruídos. De novo foram enviados os servos para trazer quantos encontrassem, bons e maus. E a festa ficou cheia de convidados. Quando o rei entrou e viu ali um homem que não se trajava com as vestes nupciais, aquela pessoa foi atirada para fora. O convite fora feito para todos que quisessem vir. Contudo, devemos deixá-Lo nos vestir com a roupa apropriada a sua retidão.

Quando José era governador do Egito, toda aquela área sofreu uma terrível seca. O Egito era o único país que tinha alimento estocado por causa da sábia liderança de José. Seus irmãos, contudo, não faziam idéia de que seu irmão, que haviam outrora vendido como escravo à uma caravana, era agora o homem que comandava os negócios do Egito. Quando vieram pela segunda vez a comprar alimento, José lhes deu um banquete e preparou-se para lhes revelar sua verdadeira identidade. A disposição dos lugares à mesa maravilhou-os. Três mesas haviam sido preparadas e os dez irmãos sentaram-se à uma delas por ordem de idade. Os egípcios sentaram-se à outra mesa e José sentou-se só (ver Gn 43.32). Jesus tem um arranjo muito melhor e mais íntimo. Eis suas palavras em Apocalipse 3.20: "Eis que estou à porta e bato; se alguém ouvir a minha voz, e abrir a porta, entrarei em sua casa e *com ele cearei, e ele, comigo*" (ênfase minha).

A Mesa dos Pães da Proposição era feita de madeira de acácia e coberta de ouro. Suas dimensões eram aproximadamente 1 metro e meio de comprimento por 50 centímetros de largura por 70 centímetros de altura. Era uma mesa de tamanho suficiente para que duas pessoas se assentassem à ela. Jesus convida você não como um qualquer na multidão, porém quer que esta comunhão seja de "um para o outro", sem interrupções, para que Ele comungue com você e possa olhar dentro de seus olhos. Possivelmente, Ele quererá fazer a você a mesma pergunta que fez a Pedro naquela memorável manhã após comerem peixe assado: "... Simão,... amas-me?" (Jo 21.17). Em tais ocasiões percebemos que Jesus vê dentro das profundezas da alma. Nesta ocasião temos a oportunidade de olhar dentro dos olhos do Senhor. Oh, que incomensurável profundeza de amor flui do coração do Salvador! Você já fitou realmente aquele rosto! Você está convidado a vir sentar-se à sua mesa. Em Números 4.7, esta mesa é chamada: "... a mesa da proposição". Que grandioso imaginar-se convidado para sentar à mesa de sua presença. Ele nos convidou a vir cear com Ele e através desse gesto Ele diz: "Tu és amigo". Naquela mesma passagem, o pão é chamado "pão contínuo". A mesa real está sempre posta. Venham, porque tudo está pronto. Isto sim é cear à mesa real! Você pode sentar-se à esta mesa, face a face com o próprio Jesus Cristo. O ambiente é iluminado pelo belo Castiçal do Lugar Santo. Esta é de fato uma ceia real. "... Sois... sacerdócio real..." (1 Pe 2.9). Portanto, come e tua alma será satisfeita.

A Mesa tinha uma borda ao redor do topo para que nem as migalhas viessem a se perder. Após Jesus haver alimentado 5.000 pessoas e todas estarem satisfeitas, Ele disse: "... Recolhei os pedaços que sobejaram, para que nada se perca" (Jo 6.12). Também hoje a Palavra de Deus é o precioso Pão da Vida, que devemos receber com prazer.

O convite para vir à sua mesa é feito a todos, até mesmo àqueles que se sentem rejeitados e desvalorizados. Quando Davi tornou-se rei, perguntou: "Há ainda alguém que ficasse da casa de Saul, para que lhe faça bem por amor de Jônatas?" (2 Sm 9.1). Ziba, um servo, disse-lhe que havia um filho de Jônatas, chamado Mefibosete, mas que este era aleijado e vivia em Lo-Debar, em casa de Maquir. O rei Davi mandou buscá-lo. Quando veio ele ao rei em Jerusalém, não sabia o que seria feito de si. A prática naquele tempo era que quando um novo rei assumia o trono, mandava matar toda a família real antecessora. Mas Davi disse: "Não temas, porque decerto usarei contigo de beneficência por *amor de Jônatas, teu pai...*" (v. 7; ênfase eminha). Foram-lhe dadas vestes reais e convidado a sempre assentar-se à mesa do rei com os demais da casa real. Sentando-se à mesa, comendo com o rei, ninguém diria que ele era aleijado. Toda a propriedade de Saul veio às suas mãos. Isto não aconteceu por seus méritos, mas por amor do seu pai. Mesmo o filho defeituoso é bem-vindo à mesa do rei e herdará a devida parte de sua herança.

Em Levítico 24.5-9 somos instruídos com relação à fabricação do pão, tipo de farinha, quantidade, o arranjo do pão sobre a mesa, bem como quem deve comê-lo. Os pães deveriam ser feitos de farinha fina e são um símbolo de nosso Senhor e Salvador Jesus Cristo. "E Jesus lhes disse: Eu sou o pão da vida; aquele que vem a mim não terá fome; e quem crê em mim nunca terá sede" (Jo 6.35). "Este é o pão que desce do céu, para que o que dele comer não morra. Eu sou o pão vivo que desceu do céu; se alguém comer deste pão, viverá para sempre..." (vv. 50-51). Paulo também escreveu aos coríntios: "... porque todos participamos do mesmo pão" (1 Co 10.17). A Palavra de Deus é o Pão da Vida para nós.

A Mesa dos Pães da Proposição

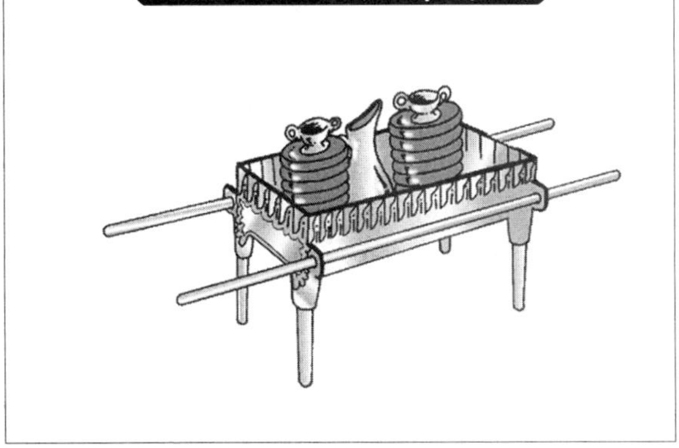

Extraído do mapa "O Tabernáculo", CPAD.

A cada sábado era colocado pão fresco na Mesa da Proposição, doze pães em duas pilhas organizadas contendo seis cada. Bem-aventurados são aqueles que diariamente se alimentam da Palavra. Quando se ajuntarem no Dia do Senhor, encontrarão um novo suprimento de Pão da Vida esperando por eles. O pão que se retirara da Mesa seria comido por Arão e seus filhos em um lugar santo. Tomar tempo para alimentar a alma com a Palavra Viva é essencial à nossa experiência. "Escondi a tua palavra no meu coração, para eu não pecar contra ti" (Sl 119.11). Muitas vezes o salmista usa a palavra "Selá" para lembrar-nos de meditar na Palavra. Já comemos da Palavra hoje? Normalmente fazemos três refeições ao dia. Crianças sadias não perdem a hora da refeição e ainda querem comer algo entre uma e outra. Precisamos de bom alimento sólido para satisfazer nossa necessidade. Quando você tem fome não procura ler um livro de culinária. Você quer coisas substanciais. Da mesma maneira, a Palavra de Deus tem de ser consumida para dar-nos novas forças para vivermos.

Quando alguém está doente, perde o apetite. Não sente mais fome e a comida antes saborosa, passa a ser repugnante. O Senhor alimentou Israel com maná celestial, e o povo se alegrou de que a cada manhã havia um abundante suprimento. Tudo era maravilhoso, até que, como lemos em Números 21.4,5: "... porém a alma do povo angustiou-se neste caminho. E o povo falou contra Deus e contra Moisés: Por que nos fizestes subir do Egito, para que morrêssemos neste deserto? Pois, aqui, nem pão nem água há; e a nossa alma tem fastio deste pão tão vil". O maná não havia mudado, mas seus corações sim. O que antes fora uma comida deliciosa, tornara-se abominável. Eva também se deixou enganar pela idéia de que ela e Adão estavam sendo passados para trás por não terem permissão para comer da árvore do conhecimento do bem e do mal, isto a despeito do fato de que poderiam comer de todos os outros frutos das árvores no jardim. "E, vendo a mulher que aquela árvore era boa para se comer, e agradável aos olhos, e árvore desejável para dar entendimento, tomou do seu fruto, e comeu, e deu também a seu marido, e ele comeu com ela. Então, foram abertos os olhos de ambos, e conheceram que estavam nus..." (Gn 3.6,7).

Pão Consagrado para Pessoas Consagradas

O pão era para ser comido em um Lugar Santo por sacerdotes consagrados durante o tempo que estivessem servindo no Tabernáculo. Como é importante que aquele que ministra a outros alimente primeiro a sua própria alma com a Palavra Viva de Deus. Davi disse: "Preparas uma mesa perante mim na presença dos meus inimigos... o meu cálice transborda" (Sl 23.5). Davi passou pela experiência de que o Senhor lhe preparasse uma mesa, mesmo quando escondido numa caverna ou fugindo do rei Saul.

Um dia, e provavelmente muito breve, a ceia das bodas do Cordeiro estará pronta. Aqueles que foram lavados pelo sangue do Cordeiro virão do leste e do oeste, do norte e do sul, e assentar-se-ão com aquEle que os redimiu. Isto será as bodas do Cordeiro, que é o início do cumprimento final da vontade de Deus Pai. Louve o Senhor! "Regozijemo-nos, e alegremo-nos, e demos-lhe glória, porque vindas são as bodas do Cordeiro, *e já a sua esposa se aprontou.* E foi-lhe dado que se vestisse de linho fino, puro e resplandecente; porque o linho fino são as justiças dos santos. E disse-me: Escreve: Bem-aventurados aqueles que são chamados à ceia das bodas do Cordeiro. E disse-me: Estas são as verdadeiras palavras de Deus" (Ap 19.7-9; ênfase minha).

UM COMPOSITOR EXPRESSOU ESTA GLÓRIA DO SEGUINTE MODO:

Oh que dia será
  Que o meu Salvador meu olho verá
Ao contemplar sua face,
  O que me salvou por sua graça.
E Ele me toma pela mão,
  E à Terra Prometida me leva então.
Que dia, glorioso será.

OUTRO COMPOSITOR ESCREVEU:

Tudo terá valido a pena,
  Quando virmos a Jesus!
Terá sido pouca a luta e o desgosto,
  Perto de poder a Cristo fitar.
À vista de seu querido rosto,
  Toda tristeza irá se apagar.
Correrei com bravura e chegarei ao meu posto
  Até que possamos felizes a Cristo olhar.

Que esperança para o filho de Deus! Eis as palavras de Jesus: "Mas eu vos digo que muitos virão do Oriente e do Ocidente, e assentar-se-ão à mesa com Abraão, e Isaque, e Jacó, no Reino dos céus" (Mt 8.11).

Capítulo 12

O Altar do Incenso

“E farás um altar para queimar o incenso; de madeira de cetim o farás. O seu comprimento será de um côvado, e a sua largura, de um côvado; será quadrado, e de dois côvados, a sua altura; e as suas pontas farão uma só peça com ele. E com ouro puro o forrarás, o seu teto e as suas paredes ao redor, e as suas pontas; e lhe farás uma coroa de ouro ao redor. Também lhe farás duas argolas de ouro debaixo da sua coroa; aos dois lados as farás, de ambas as bandas; e serão para lugares dos varais, com que será levado. E os varais farás de madeira de cetim e os forrarás com ouro. E o porás diante do véu que está diante da arca do Testemunho, diante do propiciatório que está sobre Testemunho, *onde me ajuntarei contigo*" (Êx 30.1-6; ênfase minha).

As dimensões do referido altar eram cerca de 50 por 50 centímetros e 92 centímetros de altura. Dos três itens que ficavam no Lugar Santo, este era o mais próximo do Santo dos Santos. Ficava um pouco antes da cortina pesada que separava o Lugar Santo do Santo dos Santos. O altar também era feito de madeira de acácia e coberto de ouro. A construção de madeira aponta para a natureza humana que Cristo assumiu, enquanto a cobertura de ouro aponta para sua divindade. "E o Verbo se fez carne, e habitou entre nós..." (Jo 1.14). Ele era totalmente homem e totalmente Deus. Ele é o único que pode ser ponte entre Deus e o homem.

Este não era um altar sobre o qual se ofereciam holocaustos e sacrifícios por pecados. O problema com o pecado devia ser resolvido no Átrio, no Altar de Bronze, onde se recebe remissão e perdão. O assunto relativo à nossa consagração e compromisso com Ele devia ser resolvido lá também, com a oferta de sangue apropriada. Neste altar devemos trazer o suave incenso do louvor e adoração. Junto ao Altar de Bronze, o sacerdote oficiava por nós; neste, porém, vimos pessoalmente perante Ele, na qualidade de "sacerdotes", em uma experiência absolutamente única. No Altar de Bronze, a questão do nosso relacionamento com Deus teria de ser revolvida, contudo aqui temos uma questão de comunhão e de íntimo relacionamento com Ele. Viemos ao Altar de Bronze com a carga de nosso pecado, mas ao Altar de Ouro trazemos nossa alma e espírito. É este o lugar de onde a oração e o louvor, bem como a intercessão, ascenderão ao Senhor. A vinda a este altar será uma expressão de intenso desejo de comunhão com o Senhor, o derramamento da devoção e amor por Ele. Aqui entramos na sua presença.

O Lugar Santo É um Local de Adoração

A influência do mundo exterior fica lá fora e uma atmosfera celestial nos envolve. A luz do Castiçal de Ouro reflete-se na parede de ouro que difunde a luz para a Mesa dos Pães da Proposição. Logo acima vê-se a cortina de púrpura, azul e escarlate com os querubins bordados, de asas abertas. O altar fica ao lado da cortina diante do Santo dos Santos, com a fumaça do incenso elevando-se dele. É um cenário maravilhoso, fazendo-nos lembrar daquele hino que diz:

Nós nos levantamos no Lugar Santo,
Porque sabemos que há anjos ao redor.
Vamos louvar a Jesus agora
Nós nos levantamos, em sua presença,
no Lugar Santo.

Enquanto Zacarias estava no Templo queimando incenso no altar, o povo adorava e orava do lado de fora. Ali teve ele uma visitação celestial. O anjo Gabriel veio anunciar que Isabel, sua mulher, daria à luz um filho, que mais tarde ficou conhecido como João, o Batista. Neste Altar do Incenso, disse o Senhor: "Onde me avistarei contigo". Agora mesmo Ele está nos esperando para que o encontremos no Altar do Incenso.

O Incenso Simboliza a Oração no Espírito

"Suba a minha oração perante a tua face como incenso, e seja o levantar das minhas mãos como o sacrifício da tarde" (Sl 141.2). "Deus é Espírito, e importa que os que o adoram o adorem em espírito e em verdade" (Jo 4.24). É aqui o lugar onde o Espírito Santo vem nos ajudar para que possamos orar em harmonia com a vontade de Deus. "E da mesma maneira também o Espírito ajuda as nossas fraquezas; porque não sabemos o que havemos de pedir como convém, mas o mesmo Espírito intercede por nós com gemidos inexprimíveis" (Rm 8.26,27). Quando a oração atinge esta magnitude, você sabe que não está dizendo palavras vazias, mas fazendo uma oração que sai do coração e da vontade de Deus. A verdadeira intercessão ocorre quando a carga e a ansiedade da outra pessoa tornam-se nossas à medida que nos levantamos na presença de Deus. Quando Abraão intercedeu por Sodoma e por seu sobrinho Ló, lemos estas palavras: "Então, viraram aqueles varões o rosto dali e foram-se para Sodoma; mas *Abraão ficou ainda em pé diante da face do Senhor*" (Gn 18.22; ênfase minha). Aqui temos um mortal comum, diante do Senhor, pedindo por uma cidade pecaminosa, cuja taça da iniqüidade já transbordava e a qual já o Senhor se preparava para destruir. A intercessão de Abraão tornou-se mais intensa conforme orava, até que o Senhor prometeu: "Não a destruirei por amor dos dez". Ocorre-nos uma pergunta: "Quanto tempo devo continuar intercedendo?". Aqui, eu creio estar a resposta: "*E foi-se o Senhor, quando acabou de falar a Abraão*; e Abraão tornou ao seu lugar" (v. 33; ênfase minha). Abraão intercedeu enquanto o Senhor lhe falava, após isso ele teve paz em seu coração com relação ao assunto. Aqui, neste Altar, o adorador também recebe poder e se beneficia. "Mas vós, amados, *edificando-vos a vós mesmos sobre a vossa santíssima fé, orando no Espírito Santo*" (Jd 20; ênfase minha).

Aqui, o Espírito Santo pode ministrar ao próprio coração de alguém. Aqui Ele concede sua graça e amor ilimitados que permitirão a caminhada íntima e santa com o Senhor.

Orar no Espírito conduz a uma nova dimensão de experiência espiritual. Você se torna um instrumento do Senhor e permite que o Espírito Santo ore através de você. "Porque qual dos homens sabe as coisas do homem, senão o espírito do homem, que nele está? Assim também *ninguém sabe as coisas de Deus, senão o Espírito de Deus*" (1 Co 2.11; ênfase minha). Se permitirmos que o Espírito Santo direcione nossa oração, ela não será em vão. O que mais poderia uma pessoa querer além de ser usada deste modo pelo Espírito Santo? Paulo nos diz: "... Orarei com o espírito, mas também orarei com o entendimento" (1 Co 14.15). Não queremos deixar a impressão de que a única oração que faz efeito é a oração no Espírito, mas há hora e lugar para ambas: "com nosso espírito" e "orar com nossa mente".

Este altar também possuía quatro chifres. Isto nos fala do poder e autoridade da oração que ali se fizer. Os chifres também são algo para nos segurarmos, em oração persistente, até que venha o livramento do Senhor.

O Altar do Incenso

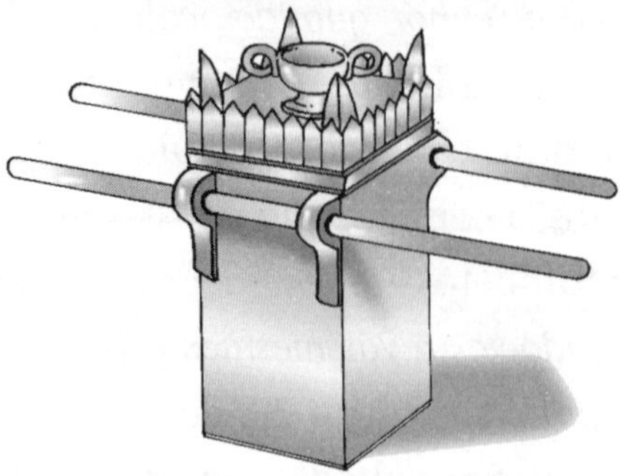

Extraído do mapa "O Tabernáculo", CPAD.

Quem pode vir a este Altar? Os Redimidos (ver Êx 30.11-16); os limpos (ver Êx 30.17-21) e os ungidos (ver Êx 30.22-33).

Um Incenso Especial

O incenso para uso sobre este Altar deveria ser elaborado de acordo com uma receita especial. "Disse mais o Senhor a Moisés: Toma especiarias aromáticas, estoraque, e ônica, e gálbano; estas especiarias aromáticas e o incenso puro de igual peso; e disto farás incenso, um perfume segundo a arte do perfumista, temperado, puro e santo; e dele, moendo, o pisarás, e dele porás diante do Testemunho, na tenda da congregação, onde eu virei a ti; cousa santíssima vos será. Porém o incenso que farás conforme à composição deste, não o fareis para vós mesmos; santo será para o Senhor. O homem que fizer tal como este para cheirar será extirpado do seu povo" (Êx 30.34-38).

Nesta passagem, a composição do incenso é dada com clareza. As três especiarias perfumadas mencionadas e o incenso puro seriam de igual quantidade e cuidadosamente misturadas. Digamos que as três especiarias de aroma suave sejam Intercessão, Louvor e Adoração, sendo o incenso puro a Oração, uma comunhão e conversa com Deus. Há vezes em que o Espírito do Senhor leva uma pessoa à oração intensa com responsabilidade de interceder por outrem. Aqui está você diante dEle em favor de outra pessoa. Haverá momentos de louvor, de agradecimento a Ele pelos benefícios e bênçãos que lhe concede. Haverá ocasiões de adorá-Lo no Espírito, quando o seu próprio espírito, em perfeita harmonia com o Espírito Santo, é elevado àquele domínio "celestial" onde você quer simplesmente atirar-se aos pés dEle em total rendição. Ouçam as palavras de Jesus: "Mas a hora vem, e agora é, em que os verdadeiros adoradores adorarão o Pai em espírito e em verdade, porque o Pai procura a tais que assim o adorem" (Jo 4.23). Existem também aquelas horas de oração que são apenas comunhão e íntimo relacionamento com Deus. Diz a Bíblia, em Gênesis 17.3: "Então, caiu Abrão, sobre o seu rosto, e falou Deus com ele...". Que o Espírito Santo, o Mestre perfumista , possa colocar a mistura apropriada, temperada, pura e santa, na nossa vida de oração.

Observemos também, que era proibido às pessoas em geral fabricar o incenso sagrado. Apenas o mestre perfumista podia fazê-lo. O Espírito Santo é quem faz este incenso. Os ingredientes tinham de ser puros porque o incenso seria sagrado. Cabe-nos a pergunta: Os ingredientes de nossa oração são sempre puros? Nossas orações se contaminam facilmente com nossos desejos pessoais, às vezes egoístas. Este incenso contaminado não deve ser colocado sobre o Altar de ouro do

Incenso. "Não oferecereis sobre ele incenso estranho, nem holocausto, nem oferta; nem tampouco derramareis sobre ele libações" (Êx 30.9). Nenhuma imitação deste incenso poderia ser feita para proporcionar vantagens pessoais, uso ou prazer, sob pena de eliminação da comunidade.

Fogo Santo para o Altar Santo

O fogo para queimar o incenso vinha do Altar de Bronze que ficava no Átrio. Não se pode aproximar do Altar de ouro do Incenso sem primeiro achegar-se ao Altar de Bronze. Ali haverá purificação e compromisso. Do Altar de Bronze as brasas são levadas para a queima do incenso. Um dia, Nadabe e Abiú, filhos de Arão, estavam em seus afazeres sacerdotais, preparando-se para queimar o incenso, quando trouxeram fogo estranho perante o Senhor, o que lhes havia Ele ordenado para que não o fizessem. "Então, saiu fogo de diante do Senhor e os consumiu; e morreram..." (Lv 10.2). Estejamos atentos para que possamos discernir entre o que é fogo santo, que vem do altar de Deus, e um fogo qualquer de enlevo emocional, gerado pela própria pessoa, não por Deus. No versículo 10, o Senhor diz: "Para fazer diferença entre o santo e o profano e entre o imundo e o limpo". Podemos nos aproximar deste altar com confiança e intrepidez, se nosso incenso tiver sido feito de acordo com a fórmula do mestre perfumista e se o nosso fogo for o do Altar de Bronze da consagração. Nossa oferta será de aroma suave perante o Senhor. Que verdade maravilhosa, que você e eu podemos vir a este Lugar Santo. Nele nossa oração, intercessão, adoração e louvor tomam uma nova dimensão à medida que o Espírito Santo cumpre a vontade do Pai em e através de nós.

Uma Maior Consagração Necessária

Outra grande verdade que Moisés, Arão e os sacerdotes tiveram de aprender, foi que Deus esperava maior consagração e vida santificada da parte deles do que das pessoas comuns. Eles eram os que tomavam conta dos vasos do Senhor, e portanto, como sacerdotes, a responsabilidade era muito maior. Em Levítico 10.3, lemos: "... Isto é o que o Senhor falou, dizendo: Serei santificado naqueles que se cheguem a mim e serei glorificado diante de todo o povo...". Deus espera um grau mais elevado de consagração e santidade da pessoa que se aproxima dEle em serviço e ministério, do que espera de uma pessoa leiga. Freqüentemente, o ministro do Evangelho admira-se da honra, respeito e aclamação dadas a esse ministério. Isto o eleva a uma categoria especial. "Os presbíteros que governam bem sejam estimados por dignos de duplicada honra, principalmente os que trabalham na palavra e na doutrina. Porque diz a Escritura: Não ligarás a boca ao boi que debulha. E: Digno é o obreiro do seu salário. Não aceites acusação contra presbítero, senão com duas ou três testemunhas" (1 Tm 5.17-19). De fato, esta é uma posição ambicionada, mas o ministro deve lembrar-se de que precedendo tal posição de *duplicada honra* (ou honorário, segundo a Versão Atualizada), deve haver duplicada consagração e comprometimento. Ministro do Senhor, por favor preste atenção! Malaquias 2.7 também dá ênfase a esta verdade: "Porque os lábios do sacerdote guardarão a ciência, e da sua boca buscarão a lei, porque ele é o anjo do Senhor dos Exércitos".

A Oração Respondida

Alguns dirão: "Tenho orado tanto com relação a certas coisas ou certas pessoas, mas ainda não me veio a resposta". Tenha a certeza de que a oração sincera não é perdida ou em vão. Tenha confiança e saiba que a oração trabalhada pelo Espírito Santo será respondida no tempo devido. "E veio e tomou o livro da destra do que estava assentado no trono. E, havendo tomado o livro, os quatro animais e os vinte e quatro anciãos prostraram-se diante do Cordeiro, tendo todos eles harpas e salvas de ouro cheias de incenso, que são as orações dos santos" (Ap 5.7,8). A oração trabalhada pelo Espírito Santo nunca se perderá. Encoraja-te, querido, e continua a orar. "... a oração feita por um justo pode muito em seus efeitos" (Tg 5.16).

Capítulo 13

O Véu Interior

"Depois, farás um véu de pano azul, e púrpura, e carmesim, e linho fino torcido; com querubins de obra-prima se fará. E o porás sobre quatro colunas de madeira de cetim cobertas de ouro, sobre quatro bases de prata; seus colchetes serão de ouro. Pendurarás o véu debaixo dos colchetes e meterás a arca do Testemunho ali dentro do véu; e este véu vos fará separação entre o santuário e o lugar santíssimo" (Êx 26.31-33).

Esta cortina escondia os mistérios de Deus. A ninguém era permitido ver os objetos que ficavam atrás desta cortina. Uma vez por ano, no Dia da Expiação, o Sumo Sacerdote deveria entrar no Santo dos Santos com o sangue da Expiação. Nesta oportunidade ele aspergia um pouco do sangue no Propiciatório para expiar os pecados da nação. "... Dize a Arão, teu irmão, que não entre no santuário em todo o tempo, para dentro do véu, diante do propiciatório que está sobre a arca, para que não morra; porque eu apareço na nuvem sobre o propiciatório" (Lv 16.2). "Mas, no segundo, só o sumo sacerdote, uma vez no ano, não sem sangue, que oferecia por si mesmo e pelas culpas do povo; dando nisso a entender o Espírito Santo que ainda o caminho do Santuário não estava descoberto, enquanto se conservava em pé o primeiro tabernáculo" (Hb 9.7,8).

A despeito de todos os sacrifícios e purificações cerimoniais, a área que a cortina escondia era um lugar proibido. Nenhum sacrifício animal e aspersão de sangue tinha o poder de dignificar o homem para entrar na presença de Deus. Durante os milênios do homem sobre a terra, Deus o tem chamado, desejando ter com ele amizade e comunhão. Por sua vez, o homem também tem tentado reencontrar o perfeito vínculo com Deus, mas havia uma parede, uma lacuna, um véu entre ambos. Nesse ponto, disse Deus: "Pare! Espere! Não te aproximes mais!". Um sacrifício maior e mais perfeito era necessário. "Porque é impossível que o sangue dos touros e dos bodes tire os pecados. Pelo que, entrando no mundo, diz: Sacrifício e oferta não quiseste, mas corpo me preparaste; holocaustos e oblações pelo pecado não te agradaram" (Hb 10.4-6). Jesus foi o sacrifício perfeito.

Um Véu Diferente

Este véu era diferente daquele da entrada exterior ou frontal. Quando a Bíblia se refere à cortina erguida sobre a entrada da tenda, sabemos através de estudo, que a palavra *paroketh* foi usada. Tal palavra significa "separar". Quando a referência é ao véu interno, a palavra *masak* é usada e seu significado é "estar sobre" ou "cobrir para esconder". A Arca não era para ser olhada por curiosos. Era o objeto mais sagrado de Israel e por ela tinha-se grande reverência. Esta cortina a qual nos referimos visava proteger a glória (*Shekinah*) dos olhos dos não santificados. Quem poderia contemplar a Deus e sobreviver? Após Moisés ter estado no monte por quarenta dias e noites recebendo as tábuas de pedra com os Dez Mandamentos, Arão e todo Israel tiveram receio de aproximar-se dele porque sua face estava "resplandecente" (ver Êx 34.30). Após isto, Moisés punha um véu sobre o rosto cada vez que falava a Israel. "E até hoje, quando é lido Moisés, o véu está posto sobre o coração deles. Mas, quando se converterem ao Senhor, então, o véu se tirará" (2 Co 3.15,16).

O Véu prendia-se em quatro colunas cobertas de ouro, sendo os ganchos também de ouro. O tecido era basicamente o mesmo do qual se fizera a cortina da entrada, exceto pelos querubins bordados. "Depois, farás um véu de pano azul, e púrpura, e carmesim, e linho fino torcido; com querubins de obra-prima se fará" (Êx 26.31). Foi no jardim do Éden, após a queda do homem, onde Deus pôs os querubins para guardarem o caminho para a Árvore da Vida. Esta cortina com os querubins bordados parece dizer: "Não te aproximes mais".

Seria isto uma contradição ao que o Senhor dissera anteriormente: "Quero encontrar-me contigo?". Seria o altíssimo e o nobilíssimo proibidos ao homem? Não, jamais! Mas Deus desejava que soubéssemos que o sangue de novilhos, ovelhas e bodes não satisfaz a um Deus justo e santo. Tampouco todo esse sangue qualifica o homem a entrar no Santo dos Santos com Deus.

O véu também tipifica o corpo de Jesus. "Tendo, pois, irmãos, ousadia para entrar no Santuário, pelo sangue de Jesus, pelo novo e vivo caminho que ele nos consagrou, *pelo véu, isto é, pela sua carne*, e tendo um grande sacerdote sobre a casa de Deus, cheguemo-nos com verdadeiro coração, em inteira certeza de fé; tendo o coração purificado da má consciência e o corpo lavado com água limpa, retenhamos firmes a confissão da nossa esperança, porque fiel é o que prometeu" (Hb 10.19-23; ênfase minha).

Quando Jesus esteve na terra, seu corpo de carne escondia a glória de Deus que Ele possuía, a qual as multidões não puderam reconhecer. Uns diziam: "Não é o filho do carpinteiro? Conhecemos sua família, seus irmãos". Outros viram além, no entanto: "E o Verbo se fez carne e habitou entre nós, e *vimos a sua glória, como a glória como do Unigênito do Pai, cheio de graça e de verdade*" (Jo 1.14; ênfase minha). Pedro reconheceu quem Ele realmente era, quando disse: "... Tu és o Cristo..." (Mt 16.16). Paulo também escreveu sobre isto: "Que, sendo em forma de Deus, não teve por usurpação ser igual a Deus. Mas aniquilou-se a si mesmo, tomando a forma de servo, fazendo-se *semelhante aos homens*; e, achado na *forma de homem*, humilhou-se a si mesmo, sendo obediente até à morte e morte de cruz" (Fp 2.6-8; ênfase minha). Adiante lemos: "... Aquele que se manifestou em carne foi justificado em espírito, visto dos anjos, pregado aos gentios, crido no mundo e recebido acima, na glória" (1 Tm 3.16).

Por vezes, abriam-se os olhos de alguns e Ele era reconhecido pelo que era. No monte da Transfiguração, os três discípulos tiveram uma clara visão do que estava por trás do véu de sua carne. Eles o viram em glória celestial quando Ele conversava com Moisés e Elias. O centurião romano junto à cruz disse: "Verdadeiramente este era o Filho de Deus!". Porém muitos não conseguiam ver além de seu corpo de carne, e gritavam: "Crucifica-o... Seu sangue caia sobre nós e nossos filhos". Muitos viram os milagres, mas não o Cristo. Até mesmo um de seus discípulos, Filipe, disse: "Senhor, mostra-nos o Pai, o que nos basta. Disse-lhe Jesus: ... não me tendes conhecido?... Quem me vê a mim vê o Pai..." (Jo 14.8,9). Como é importante que nossos olhos estejam abertos e nós vejamos Cristo como Ele realmente é.

As Cores do Véu

O azul nos lembra o Ser celestial vindo à terra. A púrpura fala-nos de sua realeza entre os homens. O vermelho mostra-nos o sofrimento do Cordeiro de Deus. De novo, o linho fino refere-se à retidão. Aqui é mostrada a retidão de Cristo. DEle, disse Pedro: "o qual não cometeu pecado, nem na sua boca se achou engano" (1 Pe 2.22). O tribunal romano, presidido por Pilatos, deu este veredicto: "Não vejo neste homem crime algum". Em meio à púrpura, ao azul e ao escarlate havia o linho fino torcido, obra de sagazes e hábeis artesãos. O humano e o divino estavam tão entretecidos na vida e no ser de Jesus que a humanidade não o podia entender na época. Tampouco pode a mente carnal entendê-Lo hoje. Muitos admitirão que Jesus foi uma pessoa extraordinária. Outros dirão que Ele foi um grande reformador, outros ainda, dirão que foi profeta ou Lhe darão crédito como um grande professor. Muitas religiões dão-Lhe algum reconhecimento ao lado de seus próprios deuses ou líderes, mas não conseguem perceber a divindade nEle.

Aquele que não reconhece e aceita tanto o humano quanto o divino em Jesus Cristo, enquanto Ele esteve aqui na terra, não é de Deus. "Amados, não creiais em todo espírito, mas provai se os espíritos são de Deus, porque já muitos falsos profetas se têm levantado no mundo. Nisto conhecereis o Espírito de Deus: todo espírito que confessa que *Jesus Cristo veio em carne é de Deus; e todo espírito que não confessa que Jesus Cristo veio em carne não é de Deus*; mas este é o espírito do anticristo, do qual já ouvistes que há de vir, e eis que está já no mundo" (1 Jo 4.1-3; ênfase minha). Em Jesus há o "engenhoso" entrelaçamento do humano e do divino. Ele não era parte humano e parte divino. Ele era um ser humano em cada molécula, e que era, naturalmente, tocado em seus sentimentos por nossas enfermidades. Ele se cansava e precisava descansar, ficava com sede e pedia um pouco de água. Ele era até mesmo sujeito a morrer. Ao mesmo tempo Ele era divino. Foi Ele quem à entrada do túmulo de Lázaro bradou em alta voz: "Lázaro, vem para fora!". O que estivera morto quatro dias saiu do túmulo atado com suas vestes mortuárias. Ao seu comando, o vento e o mar obedeciam.

Ele foi pregado na cruz como o mais vil dos criminosos, onde teve uma morte ignominiosa. Três dias mais tarde, a despeito do clero haver contratado os serviços de vigilância do poderoso exército romano, para ter a certeza de que Ele permaneceria na sepultura, Ele ressuscitou! Saiu como vencedor sobre a morte e o inferno. Quarenta dias depois, sob as vistas de uma multidão de crentes, foi elevado ao céu. Lá, Ele está à direita de Deus e algum dia, muito em breve, voltará. Paulo chama a esta verdade de mistério: "*E, sem dúvida alguma, grande é o mistério da piedade:* Aquele que se manifestou em carne foi justificado em espírito, visto dos anjos, pregado aos gentios, crido no mundo e recebido acima, na glória" (1 Tm 3.16; ênfase minha). Antes de seu nascimento, o anjo o chamou de santo: "... o Santo, que de ti há de nascer, será chamado Filho de Deus" (Lc 1.35). João, o amado, reporta-nos deste modo: "E o Verbo se fez carne e habitou entre nós, e *vimos a sua glória, como a* glória do Unigênito do Pai, cheio de graça e de verdade" (Jo 1.14; ênfase minha). Graças a Deus por Ele ser totalmente Deus e totalmente homem. Ele sabe como é ser humano e enfrentar as tribulações deste mundo. Agora mesmo Ele se assenta à direita do Pai. Como homem que pagou nosso resgate, Ele apresenta nossa causa perante Deus, o Pai. "Porque há um só Deus e um só mediador entre Deus e os homens, Jesus Cristo, *homem*" (1 Tm 2.5; ênfase minha). De fato, o véu do Tabernáculo nos traz uma maravilhosa mensagem de Jesus.

O Propósito do Véu

Este véu era a separação entre o Lugar Santo e o Santo dos Santos. Uma distinção é feita entre ambos. O brilho e a claridade de sua santidade é tão grande que os seres celestiais em torno do trono cobrem seus rostos perante Ele. Deus em sua misericórdia fez com que fosse colocado aqui este véu para que o homem não entrasse inadvertidamente em sua santa presença, para sua própria desgraça. Não podemos de forma descuidadosa entrar na santidade de Deus, a não ser para nossa própria destruição. Assim como no jardim do Éden, os querubins ali estavam para o próprio bem do homem, para mantê-lo afastado da Árvore da Vida e salvá-lo do sofrimento eterno e do destino irremediável, aqui, novamente, encontramos os querubins.

O véu deixa o homem fora do lugar mais santo, mais sagrado de todos. Ao mesmo tempo guarda Deus atrás de si. Isto é contrário às palavras ditas a Moisés: "Eu me avistarei contigo ali". Sabemos que Deus não se contradiz, nem tampouco muda. Teríamos ainda que saber da existência de um lugar de tal pureza e santidade onde o homem não poderia suportar ali estar, mesmo com todas as ofertas e sacrifícios. Foi então que naquele dia memorável, o Filho de Deus foi pregado numa cruz, tornando-se o perfeito cordeiro do sacrifício por todos os pecados do mundo. Esta foi a visão da Igreja do Novo Testamento com relação à morte e ressurreição de Cristo. "Nem por sangue de bodes e bezerros, mas por seu próprio sangue, entrou uma vez no santuário, havendo efetuado uma eterna redenção" (Hb 9.12). "Porque Cristo não entrou num santuário feito por mãos, figura do verdadeiro, porém no mesmo céu, para agora comparecer, por nós, perante a face de Deus" (v. 24). "... mas, agora, na consumação dos séculos, uma vez se manifestou, para aniquilar o pecado pelo sacrifício de si mesmo" (v. 26). Jesus tornou-se o perfeito sacrifício. Era o homem sem pecado e Filho de Deus. Pendurado naquela cruz com os braços estendidos, trazia Deus e homem a uma reconciliação perfeita. Quando gritou: "Está consumado", cumpriram-se as justas exigências de Deus.

O véu, que até então encerrara a divina glória, rasgou-se de alto a baixo. Tanto Mateus 27.5l como Marcos 15.38 são específicos em relatar que o rasgo foi de alto a baixo, como se nos dissessem que o próprio Deus estendera sua mão e o rasgara em dois. Lucas 23.45 apenas diz que o Véu se rasgou em dois. Josefo, o historiador judeu, nos conta que o Véu era muito pesado e resistente, e diz ainda que para rasgá-lo em dois seria necessária uma parelha de bois. Foi o braço do Todo-Poderoso que rasgou o Véu em dois. AquEle mesmo que havia ordenado sua colocação, sob severas instruções, agora estendia sua mão e o rasgava. Era como se Ele dissesse: "Não mais ocultarei do homem minha santidade e glória porque através de Jesus, meu perfeito sacrifício e por causa de seu sangue, eis que está aberto o caminho!". Ele morreu entre dois ladrões, em trevas e solidão, na mais ignóbil e infame das mortes, como se fosse alguém indigno de viver nesta terra entre os homens. Foi Deus quem o escolheu para ser o único sacrifício aceitável e agradável a si, digno de poder reconciliar o homem consigo. "Porque, por ele, ambos [judeus e gentios] temos acesso ao Pai em um mesmo Espírito" (Ef 2.18). "Tendo, pois, irmãos, ousadia para entrar no Santuário, pelo sangue de Jesus, pelo novo e vivo caminho que ele nos consagrou, pelo véu, isto é, pela *sua carne*, e tendo um grande sacerdote sobre a casa de Deus, cheguemo-nos com verdadeiro coração, em inteira certeza de fé; tendo o coração purificado da má consciência, e o corpo lavado com água limpa" (Hb 10.19-22; ênfase minha).

Atrás deste Véu há transformação. Quando Moisés desceu do monte Sinai após haver passado ali quarenta dias com Deus, não percebeu que seu rosto resplandecia por haver ele falado ao Senhor. Êxodo 34.30 diz que "... temeram de chegar-se a ele". Adiante, nos versículos 34 e 35 lemos: "Porém, entrando Moisés perante o Senhor, para falar com ele, tirava o véu até que saía; e, saindo, falava com os filhos de Israel o que lhe era ordenado. Assim, pois, viam os filhos de Israel o rosto de Moisés e que resplandecia a pele do rosto de Moisés; e tornava Moisés a pôr o véu sobre o seu rosto, até que entrava para falar com ele". Paulo, em 2 Coríntios 3, nos fala sobre pessoas cujas mentes são embotadas. Diz o apóstolo: "... porque até hoje o mesmo véu está por levantar na lição do Velho Testamento, o qual foi por Jesus Cristo abolido" (v. 14); "... o véu está posto sobre o coração deles. Mas, quando se converterem ao Senhor, então, o véu se tirará" (vv. 15,16). Se o véu permanece ainda sobre os olhos de alguém, este simplesmente não pode ver com clareza a glória do Senhor. Esperemos em sua presença que até este último véu seja removido e seu resplendor encha-nos a alma e todo o nosso ser. Diz ainda Paulo, no versículo 18: "Mas todos nós, com cara descoberta, refletindo, como um espelho, a glória do Senhor, somos transformados *de glória em glória*, na mesma imagem, como pelo Espírito do Senhor" (ênfase minha). O que isto nos diz? Que é necessário passarmos tempo fechados ao alarido deste mundo, fechados apenas com Deus. Não há mais véu para obscurecer a santidade, a pureza e a magnitude de seu amor. Neste local, a obra transformadora pode operar na vida pessoal de cada um. Assim diz 1 João 3.2: "... seremos semelhantes a ele; porque assim como é o veremos".

Não Pare até Atingir a Marca

Viemos avançando em nossa jornada a partir do portão do pátio até este ponto. Façamos aqui uma pausa maior junto a este Véu rasgado. Seria fácil pararmos em qualquer ponto do portão até aqui, com nosso coração cheio de gratidão a Deus por sua graça para conosco. Devemos parar junto ao Altar de Bronze, onde foram pagos nossos pecados, no local onde Jesus Cristo, a perfeita oferta de sacrifício, pagou por nosso pecado uma vez por todas? Ou, possivelmente, fazer outra visita a este Altar, com uma oferta de consagração para tornar nossa vida disponível ao Senhor? Aqui mesmo já temos tantas razões para permanecer, louvar e adorar ao nosso Senhor pelo tempo da eternidade, tendo Ele nos redimido e nos feito propriedade sua.

Sigamos em frente e logo encontraremos a Pia para lavar nossos pés e mãos. Apesar de quão importante seja este lugar, devemos ir em frente. Não paremos aqui, mas entremos pela porta do Tabernáculo, com as suas cinco colunas cobertas de ouro sustentando a bela Cortina. Vemos o Candelabro de Ouro, que tipifica a Igreja; porém, nem aqui devemos parar. Do outro lado do aposento fica a Mesa dos Pães da Proposição, onde Jesus nos convida a "cear com Ele", e Ele satisfará os desejos de um coração puro. Dali poderemos ir em direção ao Altar de Ouro do Incenso, onde começaremos a adorar e louvar e orar no Espírito, de acordo com a mente de Deus. Mas esta ainda não é a maior das experiências cristãs. Não nos detenhamos aqui, achando que o falar ou orar conforme o "Espírito nos concede" já nos é o bastante para nos considerarmos "realizados".

Nossa esperança não deve estar em quaisquer destas experiências, por mais maravilhosas que sejam, porém, de acordo com o que nos diz a Bíblia em Hebreus 6.19,20: "A qual temos como âncora da alma segura e firme e que penetra *até ao interior do véu*, onde Jesus, nosso precursor, entrou por nós..." (ênfase minha). Nossa âncora não pode estar em quaisquer das maravilhosas experiências ao longo do caminho, embora sejam de fato maravilhosas. Nossa esperança ou âncora deve ir além do véu aonde Jesus entrou. Fiquemos ali até que as palavras de 2 Coríntios 3.18 se cumpram em nós (cito novamente): "Mas todos nós, com cara descoberta, refletindo, como um espelho, a glória do Senhor, somos transformados de glória em glória, na mesma imagem, como pelo Espírito do Senhor". Aqui o Senhor faz a obra transformadora em nós, e não por nossos méritos ou esforços. O aspecto maravilhoso disto é que tudo acontece sem que percebamos. Lembremo-nos, Moisés não percebeu a glória resplandecente de seu rosto até que as pessoas manifestaram temor ao vê-lo.

Foi por Jesus que esta última barreira foi removida. A retirada do véu não diminuiu a santidade de Deus e sua absoluta pureza. Pelo fato de haver sido Jesus o perfeito sacrifício, através do qual somos participantes de sua santidade, o véu não esconde mais sua glória de nós. Assim, aproximemo-nos dEle em sagrado temor e humildade de coração, permitindo-Lhe cumprir sua obra da Graça. "E nos ressuscitou juntamente com ele, e nos fez assentar nos lugares celestiais, em Cristo Jesus" (Ef 2.6).

Capítulo 14

A Arca da Aliança

“Também farão uma arca de madeira de cetim; o seu comprimento será de dois côvados e meio, e a sua largura, de um côvado e meio, e de um côvado e meio, a sua altura. E cobri-la-ás de ouro puro; por dentro e por fora a cobrirás; e farás sobre ela uma coroa de ouro ao redor; e fundirás para ela quatro argolas de ouro e as porás nos quatro cantos dela: duas argolas num lado dela e duas argolas no outro lado dela. E farás varas de madeira de cetim, e as cobrirás com ouro, e meterás as varas nas argolas, aos lados da arca, para se levar com elas a arca. As varas estarão nas argolas da arca, e não se tirarão dela. Depois, porás na arca o Testemunho, que eu te darei" (Êx 25.10-16).

O lugar conhecido como Santo dos Santos continha apenas a Arca do Testemunho. Era uma caixa feita de madeira de acácia tendo cerca de um metro de comprimento por 70 centímetros de largura, forrada de ouro por dentro e por fora. Sua tampa era feita de ouro puro com dois querubins sobre ela. Esta parte chamava-se Propiciatório.

Nesta arca ficavam as tábuas de pedra com a gravação dos Dez Mandamentos. O primeiro par de tábuas havia sido dado a Moisés, com inscrições em ambos os lados feitas pelo dedo de Deus (ver Êx 32.15). Contudo, estando Moisés ainda na montanha, o Senhor lhe disse que o povo se corrompera. Quando Moisés vinha na direção do acampamento, viu que o povo havia construído um ídolo para si, e o celebravam naquele momento. Ao se lhe acender a ira, lançou ao chão as tábuas, fazendo-as em pedaços. Depois, puniu severamente o povo por seu pecado. Mais tarde, falou-lhe o Senhor: "... Lavra-te duas tábuas de pedra, como as primeiras; e eu escreverei nas tábuas as mesmas palavras que estavam nas primeiras tábuas, que tu quebraste" (Êx 34.1). Em Deuteronômio 10.1-5, Moisés lembra a Israel deste incidente. As tábuas de pedra com os Mandamentos deveriam ser preciosas e as mais sagradas para Israel, porque Deus esperava que vivessem de acordo com elas. Onde quer que estivesse a nação de Israel, o povo estaria cônscio da arca e seu conteúdo, com a presença de Deus entre os querubins. Quando viajavam, a arca ia adiante. Quando acampados, o

Tabernáculo ficava no centro do acampamento, com a nuvem sobre ele.

A Arca do Testemunho era o ponto central e o foco principal para todo o Israel. Dentro do Tabernáculo ela ficava no Santo dos Santos, onde apenas o sumo sacerdote poderia entrar uma vez por ano, no Dia da Expiação, para aspergir o sangue da Expiação sobre o Propiciatório. Quando Israel viajava, a Arca teria de ir coberta para ser protegida dos olhares do povo. Era carregada nos ombros dos sacerdotes, mostrando o caminho a seguir. Seguiam a nuvem durante o dia e a coluna de fogo à noite. "E, no dia de levantar o tabernáculo, a nuvem cobriu o tabernáculo sobre a tenda do Testemunho; e, à tarde, estava sobre o tabernáculo como uma aparência de fogo até à manhã. Assim era de contínuo: a nuvem o cobria, e, de noite, havia aparência de fogo. Mas, sempre que a nuvem se alçava sobre a tenda, os filhos de Israel após ela partiam; e, no lugar onde a nuvem parava, ali os filhos de Israel assentavam o seu arraial" (Nm 9.15-17). De novo, em Números 10.33 lemos: "... e a arca do concerto do Senhor caminhou diante deles caminho de três dias, para lhes buscar lugar de descanso". Onde quer que estivessem os filhos de Israel, certos estavam de que o Senhor era com eles. Para seguir adiante, tudo o que tinham a fazer era olhar para o alto e ver a nuvem que pairava sobre a arca. Desta maneira o Senhor sempre lhes provia um lugar de descanso (ver Nm 10.33-36). Que modo de viajar! Assim também hoje, quando viajamos nas jornadas da vida podemos ter descanso em Jesus, porque Ele vai adiante de nós.

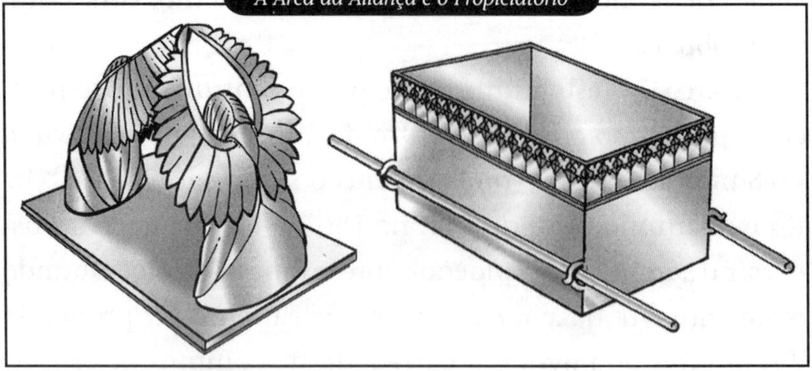

Extraído do mapa "O Tabernáculo", CPAD.

O Conteúdo

O conteúdo da arca tinha uma mensagem para Israel. Havia uma urna de ouro para o maná (ver Hb 9.4). Em Êxodo 16.32,33, lemos as palavras de Moisés: "... Esta é a palavra que o Senhor tem mandado: Encherás um gômer dele e o guardarás para as vossas gerações, para que vejam o pão que vos tenho dado a comer neste deserto, quando eu vos tirei da terra do Egito. Disse também Moisés a Arão: Toma um vaso, e mete nele um gômer cheio de maná, e põe-no diante do Senhor, em guarda para as vossas gerações". Isto servia para que Israel se lembrasse de que Deus é um provedor fiel. Durante quarenta anos esta nação de cerca de dois milhões de pessoas viveu no deserto, e a cada dia o seu suprimento de comida foi um milagre, que continuou até que entrassem na Terra Prometida. Séculos mais tarde, Davi diria: "O Senhor é o meu pastor; nada me faltará" (Sl 23.1). Assim também nos ensinou Jesus a orar, em Mateus 6.11: "... o pão nosso de cada dia dá-nos hoje". Uma vez perguntou Jesus a seus discípulos:

"Pelo tempo que tendes me seguido, tendes sofrido alguma necessidade?". Eles responderam: "Não!". Temos realmente um Deus que se importa com nossas necessidades diárias.

Um outro objeto na arca era a vara de Arão, que floresceu (ver Hb 9.4). Isto também serviu para mostrar a todo Israel que Deus levanta líderes como quer, sendo perigoso se usurpar tal liderança. A passagem em Números 16 e 17 relata o incidente de como Coré (ou Corá, segundo a ARC) tornou-se insolente e reuniu 250 homens, entre conhecidos líderes comunitários e membros do conselho. Opuseram-se a Moisés e a Arão dizendo: "... Demais é já; pois que toda a congregação é santa, todos eles são santos, e o Senhor está no meio deles; por que, pois, vos elevais sobre a congregação do Senhor?" (Nm 16.3). Moisés caiu sobre o rosto quando ouviu isto, depois disse: "... Amanhã pela manhã o Senhor fará saber quem é seu e quem o santo que ele fará chegar a si..." (v. 5). Disse mais: "Não é suficiente que o Senhor vos haja escolhido a vós, levitas, para estar próximos ao tabernáculo e ali servir, e agora tu, Coré, queres também ser sacerdote?". Pela manhã, os 250 homens tomaram seus incensários com incenso e fogo e apareceram diante do tabernáculo junto com Arão. De repente Moisés mandou o povo afastar-se daquele grupo. "E aconteceu que, acabando ele de falar todas estas palavras, a terra que estava debaixo deles se fendeu. E a terra abriu a sua boca e os tragou com as suas casas, como também a todos os homens que pertenciam a Corá e a toda a sua fazenda" (vv. 31,32). "Então, saiu fogo do Senhor e consumiu os duzentos e cinqüenta homens que ofereciam o incenso" (v. 35). O bronze dos incensários usados pelos rebeldes foi aproveitado para cobrir o Altar (vv. 37,38). Aquilo serviu como um aviso ao povo para que jamais se rebelassem contra o Senhor.

Era de se pensar que o assunto estava resolvido, mas na manhã seguinte, alguns israelitas murmuradores tornaram a Moisés e Arão. Para dar ainda um último sinal, o Senhor mandou-os obter doze varas, uma para cada tribo. Em cada vara estaria escrito o nome de uma tribo, mas na vara pertencente à tribo de Levi, escrever-se-ia o nome de Arão. A ordem era: "E as porás na tenda da congregação, perante o Testemunho, onde eu virei a vós. E será que a vara do homem que eu tiver escolhido florescerá; assim, farei cessar as murmurações dos filhos de Israel contra mim, com que murmuram contra vós" (Nm 17.4,5). Na manhã seguinte, a vara de Arão havia não somente germinado, mas brotado, florido e produzido amêndoas. Então foi dada a palavra: "... Torna a pôr a vara de Arão perante o Testemunho, para que se guarde *por sinal para os filhos rebeldes...*" (v. 10; ênfase minha). Esta vara era o aviso constante contra a rebeldia à direção e ordenanças de Deus. O rei Saul também veio a aprender esta lição do modo mais difícil, quando desobedeceu à palavra do Senhor, vindo a ouvir estas duras palavras da boca do profeta Samuel: "... Tem, porventura, o Senhor tanto prazer em holocaustos e sacrifícios como em que se obedeça à palavra do Senhor? Eis que o obedecer é melhor do que o sacrificar; e o atender melhor é do que a gordura de carneiros. *Porque a rebelião é como o pecado de feitiçaria, e o porfiar é como iniqüidade...*" (1 Sm 15.22,23; ênfase minha).

Além disso, a vara de Arão nos fala da ressurreição e vida em Cristo. A vara brotou, floriu e produziu amêndoas da noite para o dia. Em muitas áreas arborizadas, onde existem amendoeiras, esta é das primeiras árvores a dar sinais de primavera e vida nova, após o rigor do inverno. Enquanto o bosque ainda se ressente das noites frias, as amendoeiras começam a florescer, proclamando a todos a vida emergente da nova estação. Jesus disse: "... Eu sou a ressurreição e a vida; quem crê em mim, ainda que esteja morto, viverá; e todo aquele que vive e crê em mim nunca morrerá. Crês tu isto?" (Jo 11.25,26). Paulo fala dEle em 1 Coríntios 15.20, dizendo: "Mas, agora, Cristo ressuscitou dos mortos e foi feito as primícias dos que dormem".

O conteúdo mais importante da Arca eram as tábuas de pedra nas quais o Senhor gravara os Dez Mandamentos. Os três objetos tinham uma mensagem especial para Israel: o vaso de maná servia para lembrar-lhes da fidelidade de Deus em preocupar-se com o seu povo, a vara de Arão que brotara lembrava-lhes que a rebelião contra Deus traria súbita desgraça e que Deus era o doador da vida. Os Dez Mandamentos mostravam-lhes as exigências de um Deus Santo.

Bem rapidamente descobriu-se que Israel era incapaz de cumprir a Lei. Na realidade, a Lei fazia-os mais cônscios do pecado que habitava em sua própria natureza. Lemos em Romanos 3.20: "Por isso, nenhuma carne será justificada diante dele pelas obras da lei, porque *pela lei vem o conhecimento do pecado*" (ênfase minha). As duas primeiras tábuas foram quebradas ainda antes que Moisés entrasse no acampamento. As duas, que não foram quebradas, tipificam Jesus Cristo na Arca coberta pelo Propiciatório. "Porquanto, o que era impossível à lei, visto como estava enferma pela carne, Deus, enviando o seu Filho em semelhança da carne do pecado... para que a justiça da lei se cumprisse em nós..." (Rm 8.3,4).

"Todos aqueles, pois, que são das obras da lei estão debaixo da maldição; porque escrito está: Maldito todo aquele que não permanecer em todas as coisas que estão escritas no livro da lei, para fazê-las" (Gl 3.10). Como é bom saber que entre nós e a Lei que condena está o Propiciatório com o sangue da Expiação aspergido sobre ele. "De maneira que a lei nos serviu de aio, para nos conduzir a Cristo, para que, pela fé, fôssemos justificados" (Gl 3.24). Jesus nos diz em Mateus 5.17: "Não cuideis que vim destruir a lei ou os profetas; não vim ab-rogar, mas cumprir". Ele é aquEle de quem Davi profetizou em Salmos 40.8: "Deleito-me em fazer a tua vontade, ó Deus meu; sim, a tua lei está dentro do meu coração". Foi Jesus quem cumpriu a Lei e pagou a penalidade por nosso pecado. Ele se tornou o Propiciatório que "protege" para que eu não seja condenado.

Capítulo 15

O Propiciatório

“Também farás um propiciatório de ouro puro; o seu comprimento será de dois côvados e meio, e a sua largura, de um côvado e meio. Farás também dois querubins de ouro; de ouro batido os farás, nas duas extremidades do propiciatório. Farás um querubim na extremidade de uma parte e o outro querubim na extremidade da outra parte; de uma só peça com o propiciatório fareis os querubins nas duas extremidades dele. Os querubins estenderão as suas asas por de cima, cobrindo com as suas asas o propiciatório; as faces deles, uma defronte da outra; as faces dos querubins estarão voltadas para o propiciatório. E porás o propiciatório em cima da arca, depois que houveres posto na arca o Testemunho, que eu te darei. E ali virei a ti e falarei contigo de cima do propiciatório, do meio dos dois querubins (que estão sobre a arca do Testemunho), tudo o que eu te ordenar para os filhos de Israel" (Êx 25.17-22).

O Propiciatório que Protege

A Arca sem a sua cobertura não era um "Propiciatório", mas um "Trono de Juízo". A Arca descoberta nos condenaria e nos deixaria sem qualquer esperança, porque diz a Bíblia: "... a alma que pecar, essa morrerá" (Ez 18.4). Não haveria misericórdia. Tiago 2.10 nos revela: "Porque qualquer que guardar toda a lei e tropeçar em um só ponto tornou-se culpado de todos". Sem o Propiciatório não haveria a proteção contra o integral cumprimento da Lei, quando alguém pecasse. "Quebrantando alguém a lei de Moisés, morre sem misericórdia, só pela palavra de duas ou três testemunhas" (Hb 10.28). O escritor aos Hebreus continua no versículo 29, dizendo: "De quanto maior castigo cuidais vós será julgado merecedor aquele que pisar o Filho de Deus, e tiver por profano o sangue do testamento, com que foi santificado, e fizer agravo ao Espírito da graça?". Pense nas sérias conseqüências que advirão àquele que tomar de modo leviano estas previsões sagradas do Senhor. O povo de Bete-Semes aprendeu esta lição de maneira trágica, como vemos em 1 Samuel 6.19. Os filisteus haviam tomado a Arca de Israel durante a batalha, no entanto experimentaram apenas tragédia e problemas enquanto não a devolveram. Puseram a Arca sobre a carroça puxada por duas vacas cujos bezerros deixaram presos no curral. As vacas se encaminharam diretamente para Bete-Semes. Quando os habitantes daquela cidade viram aquilo, se alegraram e usaram a madeira da carroça como lenha e sacrificaram as vacas ao Senhor em holocausto. Na alegria exacerbada do momento alguém destampou a Arca do Senhor e muitos morreram por terem olhado para dentro dela. Tomados de grande temor, clamaram: "... Quem poderia estar em pé perante o Senhor, este Deus santo?..." (v. 20).

A Lei de Deus a descoberto, com todas as suas exigências santas é mais do que qualquer pessoa pode suportar. Sem o Propiciatório e o sangue da expiação sobre ele, ninguém pode permanecer na presença de um Deus Santo. O Senhor jamais pretendeu que estas coisas sagradas viessem a nos ferir ou destruir; mas se não considerarmos a santa presença de Deus da maneira mais séria e reverente, traremos desgraças sobre nossas cabeças. Antes do profeta Isaías ter uma visão da santidade de Deus, ele não sabia o quanto seus lábios eram sujos e impuros. Após a purificação deles, o Senhor perguntou: "A quem enviarei, e quem há de ir?". Isaías rapidamente respondeu: "Eis-me aqui, envia-me a mim" (Is 6.8). "Visto que temos um grande sumo sacerdote, Jesus, Filho de Deus, que penetrou nos céus, retenhamos firmemente a nossa confissão. Porque não temos um sumo sacerdote que não possa compadecer-se das nossas fraquezas; porém um que, como nós, em tudo foi tentado, mas sem pecado. Cheguemos, pois, com confiança ao trono da graça, para que possamos alcançar misericórdia e achar graça, a fim de sermos ajudados em tempo oportuno" (Hb 4.14-16). Graças a Deus, podemos ir a Ele com confiança e intrepidez, e Ele satisfará as nossas necessidades.

Aqui no Santo dos Santos não havia Castiçal para iluminar o aposento, nem havia tampouco janela ou qualquer outro meio de transmitir luz. Ainda assim, este lugar não era escuro e triste. Aqui estava a mais gloriosa presença de Deus. Ele habitava entre os querubins e, como Deus é luz, o lugar teria de ser sem sombras ou escuridão. A respeito deste lugar, disse Deus a Moisés: "Ali eu me avistarei e comungarei contigo".

Tal era o lugar ao qual se referia o autor da epístola aos Hebreus, que mencionei em um capítulo anterior: "A qual temos como âncora da alma segura e firme e que *penetra até ao interior do véu*" (Hb 6.19; ênfase minha). Ao entrar neste local sagrado sob o mérito do sangue de Jesus, encontra-se a amizade e a comunhão com Deus, como jamais se experimentou. É mais forte do que o perdão do pecado no Altar de Bronze, ou do que a purificação na Pia, ou mesmo "cear" com Ele à Mesa dos Pães da Proposição. Sim, e isto é até mais do que orar no Espírito perante o Altar do Incenso, quando você descobre o Espírito Santo orando através de você, de acordo com o coração de Deus. Estes foram apenas os passos que nos trouxeram à presença dEle. Agora nossa fé não precisa mais garantir-se em algum sinal externo, mas apoiar-se nEle, que é constante.

Eis o lugar onde podemos repousar nossa cabeça cansada e confusa no peito de Jesus e, por assim dizer, escutar-Lhe os batimentos do seu coração. Aqui há descanso completo. "Portanto, resta ainda um repouso para o povo de Deus. Porque aquele que entrou no seu repouso, ele próprio repousou de suas obras, *como Deus das suas*" (Hb 4.9,10; ênfase minha). Devemos manter nossa âncora firme quando o abalo vier. Isto é mencionado em Hebreus 12.26-29: "A voz do qual moveu, então, a terra, mas, agora, anunciou, dizendo: Ainda uma vez comoverei, não só a terra, senão também o céu. E esta palavra: Ainda uma vez, mostra a mudança das coisas móveis, como coisas feitas, *para que as imóveis permaneçam*. Pelo que, tendo recebido um Reino que não pode ser abalado, retenhamos a graça, pela qual sirvamos a Deus agradavelmente com reverência e piedade; porque o nosso Deus é um fogo consumidor" (ênfase minha). Deus irá abalar tudo o que pode ser abalado, para que aquilo que não pode ser abalado permaneça. "A qual temos como âncora da alma segura e firme e que *penetra até ao interior do véu*" (Hb 6.19; ênfase minha). Aqui haverá garantia e segurança. Esta é a Paz de Deus!

Eis aqui uma percepção mais completa do que significa a santidade de Deus. No primeiro encontro de Moisés com o Senhor junto à sarça ardente, ele escondeu a face e descalçou-se quando ouviu as ordens do Senhor. Mais tarde, quando recebeu os Dez Mandamentos, ele retornou com o rosto resplandecendo a glória de Deus. Quando Deus mostrou a Daniel o que Ele faria ao seu povo, este caiu como morto diante de Deus. Em Patmos, quando João viu a Jesus glorificado caiu aos pés dEle como morto. Será que posso afirmar ter estado em sua presença e continuar sem uma profunda e duradoura impressão em meu ser? O convite ainda é válido e Ele espera ali. Ele continua a dizer: "Ali me avistarei e comungarei contigo". Esta é a verdadeira amizade com Ele.

Um hino que cantamos diz:
Fechados com Deus em lugar secreto,
Ali em espírito a contemplar sua face,
Recebendo poder para as lutas vencer
Eu quero estar fechado com Deus.

Você não o ouve dizer: "Entre e descanse um pouco?".

Aqui no Propiciatório fica um querubim de cada lado, com as asas estendidas e seus rostos voltados para a cobertura da Arca, como se em reverência e maravilhados. Era aqui o lugar onde Deus iria habitar e encontrar-se com Israel, e aqui Ele ainda estava ao tempo do rei Ezequias. Ouçamos sua oração: "Ó Senhor dos Exércitos, Deus de Israel, que habitas entre os querubins; tu és o Deus, tu somente, de todos os reinos da terra; tu fizeste os céus e a terra" (Is 37.16). Estes querubins, com os rostos voltados para o Propiciatório, nos fazem ver que até mesmo os anjos estão constantemente pasmos com a graça de Deus para com o homem pecador. Que fiquem para sempre pasmos quando virem o número incontável dos redimidos, e quando os vinte e quatro anciãos depositarem suas coroas diante do trono, proclamando: "Digno és, Senhor, de receber glória, e honra, e poder, porque tu criaste todas as coisas, e por tua vontade são e foram criadas" (Ap 4.11).

Uma antiga canção evangélica diz:

Graça surpreendente, quão doce o som,
Que salvou um pecador como eu,
Que estive perdido, mas fui achado
Que fui cego, mas agora eu vejo...

Senhor, eu quero estar sempre surpreso pela tua graça para comigo.

Aqui, a questão do nosso pecado é resolvida para sempre. "Nisto está a caridade: não em que nós tenhamos amado a Deus, mas em que ele nos amou a nós e enviou seu Filho para propiciação pelos nossos pecados" (1 Jo 4.10). A palavra "propiciação" significa reaver o favor de Deus. A Bíblia alemã usa a palavra *versohnung*, ou seja, reconciliar. Jesus, o reconciliador, cumpre as justas exigências de um Deus justo. Não se trata aqui de aplacar um Deus vingador, porém satisfazer a justiça de um Deus santo e, desse modo, tornar possível a Ele mostrar misericórdia com justiça. "E ele é a propiciação pelos nossos pecados e não somente pelos nossos, mas também pelos de todo o mundo" (1 Jo 2.2). E é pelo sangue expiatório de Jesus, que Deus pode perdoar o pecador e ainda assim honrar a sua lei. Sua misericórdia e sua justiça estão reconciliadas.

A maravilha de tudo isto,
A maravilha de tudo isto,
Só saber que Deus me ama;
Oh, a maravilha de tudo isto,
A maravilha de tudo isto,
Só saber que Deus me ama.

AMÉM

Apêndice A

Um Breve Relátorio da Nuvem de Glória (*Shekinah*)

A Permanente Presença de Deus

“Então, a nuvem cobriu a tenda da congregação, e a glória do Senhor encheu o tabernáculo, de maneira que Moisés não podia entrar na tenda da congregação, porquanto a nuvem ficava sobre ela, e a glória do Senhor enchia o tabernáculo. Quando, pois, a nuvem se levantava de sobre o tabernáculo, então, os filhos de Israel caminhavam em todas as suas jornadas. Se a nuvem, porém, não se levantava, não caminhavam até ao dia em que ela se levantava; porquanto a nuvem do Senhor estava de dia sobre o tabernáculo, e o fogo estava de noite sobre ele, perante os olhos de toda a casa de Israel, em todas as suas jornadas" (Êx 40.34-38).

Israel era abençoado pelo fato de ter a presença visível do Senhor em todo o tempo. Que ato de Deus confortante e tranqüilizador em favor daquele povo, que por 400 anos só conheceu trabalho escravo. Seu único mérito era estabelecido por seus feitores, com base em quão duramente trabalhassem para satisfação de seus senhores. Foi muito bom para o povo de Israel saber que tinha a constante presença do Senhor em seu meio. Tal presença os acompanharia por sua jornada até chegarem à Terra Prometida.

Que amor e delicadeza do Senhor em lhes dar a nuvem e a coluna de fogo. Eram um sinal dia e noite de que Deus se preocupava e tomava conta de seu povo. Deve ter sido uma experiência maravilhosa para eles. O escravo que fora desprezado agora desfrutava da divina presença. A escravidão durara 400 anos, o que nos alerta para o fato de que muitas gerações não conheceram coisa alguma além de trabalho pesado e a pressão dos senhores. Suas tarefas ficavam cada vez mais árduas e as punições mais cruéis com o passar dos anos.

Não nos admira que tenha sido tão difícil para Israel aceitar a direção de Deus e a liderança de Moisés com toda confiança. Deus desejou que fossem "... reino sacerdotal e povo santo..." (Êx 19.6). A grandiosidade de sua majestade foi ainda outra vez vista pelo povo antes que recebessem os Dez Mandamentos (ver Êx 19.17-19). Aquilo causou tal impacto sobre Israel, que disseram a Moisés: "... Fala tu conosco, e ouviremos; e não fale Deus conosco, para que não morramos. E disse Moisés ao povo: Não temais, que Deus veio para provar-vos e para que o seu temor esteja diante de vós, para que não pequeis" (Êx 20.19,20).

Pouco tempo depois, na verdade, menos de quarenta dias, acostumou-se Israel à manifestação sobrenatural no monte e cedeu à idolatria. Arão fez o bezerro de ouro, o qual colocaram como deus. Quando voltou e viu o culto idólatra, Moisés quebrou as tábuas de pedra sobre as quais escrevera o Senhor os Dez Mandamentos. Ele, então, puniu o povo por seu ato pecaminoso. Depois, intercedeu Moisés por Israel e colocou sua própria vida em jogo, dizendo: "Agora, pois, perdoa o seu pecado; se não, risca-me, peço-te, do teu livro, que tens escrito" (Êx 32.32).

Uma vez que o Tabernáculo não havia ainda sido construído, Moisés levantou uma tenda, a qual chamou de "Tenda da Congregação". Ali entrava ele para conversar com Deus e dEle receber instruções. A coluna de nuvem vinha e detinha-se à porta da tenda enquanto o Senhor falava a Moisés. Em Êxodo 33.11, lemos que o Senhor falava com ele face a face, como um homem fala a um amigo. Dos versículos 12 ao 23 percebemos o tom das conversas tocantes e íntimas que havia entre os dois.

Quando o Tabernáculo ficou pronto, a glória do Senhor cobriu e encheu a Tenda. Fora levantada no meio do acampamento, onde todos podiam ver a presença do Senhor. Quando esta se elevava acima do Tabernáculo, então os filhos de Israel reiniciavam sua jornada (ver Êx 40.34-38).

Anos mais tarde, esta "nuvem de glória" chama-nos a atenção na época em que o rei Salomão construía o Templo e faziam-se preparativos para a sua dedicação. Os sacerdotes trouxeram a Arca da Aliança com o Senhor para seu lugar no santuário interno do Templo, o Santo das Santos. Quando os sacerdotes saíram do santuário, a nuvem encheu o Templo do Senhor. "E não podiam ter-se em pé os sacerdotes para ministrar, por causa da nuvem, porque a glória do Senhor enchera a Casa do Senhor" (1 Rs 8.11). Deus testificara outra vez que era com eles. Porém, disse Salomão: "Mas, na verdade, habitaria Deus na terra? Eis que os céus e até o céu dos céus te não poderiam conter, quanto menos esta casa que eu tenho edificado" (v. 27). Então, no versículo 29, ele lembra ao Senhor: "... disseste: O meu nome estará ali; para ouvires a oração que o teu servo fizer neste lugar". Assim, uma vez mais a glória do Senhor que habita entre os querubins é manifesta de modo significativo. A glória de Deus habitava com Israel como Ele prometera. Muito mais tarde, vemos o profeta Isaías e a visão que teve do Senhor e de sua glória. O cenário era um pouco diferente porque ele o viu em seu trono, e as abas das suas vestes enchiam o templo. As colunas do templo se moviam quando as vozes dos serafins clamavam: "Santo, Santo, Santo". O profeta recebeu a purificação de seus lábios e então o Senhor o encarregou de levar sua mensagem a Israel.

Um pouco mais tarde, lemos de novo sobre a nuvem de glória que havia entre os querubins no Santo dos Santos. O profeta Ezequiel fora enviado a avisar a Israel e a seus líderes espirituais do desagrado do Senhor por causa das abominações daquela época. Viu o profeta que havia se apartado do Senhor a ponto de desonrar o templo com adoração ao sol e outras abominações (ver Ez 8.16,17). Em seguida, no capítulo

10, ele vê como a nuvem de glória abandona o templo. No versículo 3 a nuvem ainda enche o átrio interior, mas se eleva dos querubins e vai para a entrada do templo. A casa estava ainda cheia da glória do Senhor. Daí lemos no versículo 18: "Então, saiu a glória do Senhor da entrada da casa e parou sobre os querubins" (Estes não eram os querubins de ouro do Propiciatório, porém criaturas viventes, na visão de Ezequiel). Assim, a nuvem de glória juntou-se aos querubins que saíam do templo. Em Ezequiel 11.22, a atenção do profeta volta-se de novo para os querubins e a nuvem de glória. No versículo 23 ele nos conta como a glória do Senhor subiu do meio de Jerusalém e se pôs sobre o monte das Oliveiras, a leste da cidade.

Teria sido este o "Icabô" de Israel? A glória de Israel havia partido (ver 1 Sm 4.21,22). Deus não terminou ainda de lidar com Israel, cujo dia mais grandioso está por vir e possivelmente muito breve.

Apêndice B

Nomes pelos quais a Arca se Identifica nas Escrituras

1. A Arca
   Êxodo 25.10
2. A Arca do Testemunho
   Êxodo 25.22
3. A Arca do Concerto
   Números 10.33
4. A Arca do Concerto do Senhor
   Josué 3.11
5. A Arca do Senhor
   Josué 3.13
6. A Arca do Concerto de Deus
   Juízes 20.27

7. A Arca de Deus
   1 Samuel 3.3
8. A Arca do Senhor dos Exércitos
   1 Samuel 4.4
9. A Arca do Deus de Israel
   1 Samuel 5.7
10. A Arca do Senhor Deus
    1 Reis 2.26
11. A Arca do Concerto do Senhor
    1 Reis 3.15
12. A Arca do nosso Deus
    1 Crônicas 13.3
13. A Arca de Deus, o Senhor
    1 Crônicas 13.6
14. A Arca do Senhor Deus de Israel
    1 Crônicas 15.3
15. A Arca da tua fortaleza
    2 Crônicas 6.41
16. A Arca Sagrada
    2 Crônicas 35.3

A Arca era chamada:
A *Arca do Testemunho*, porque testemunhava constantemente da Lei em seu interior;
A *Arca da Aliança*, porque representava a aliança mosaica entre Deus e Israel;
A *Arca da tua Fortaleza*, porque representava o poder e a benção de Deus; e a *Arca Sagrada*, porque representava sacralidade e santidade.

Apêndice C

A Ordem das Tribos no Acampamento

Números 2.1 – 3.38

Toda vez que Israel acampava, recebia ordens específicas de como assentar o Tabernáculo. Cada tribo tinha seu lugar específico com relação ao Tabernáculo.

O Tabernáculo deveria estar sempre voltado para o Oriente. As tendas de Moisés e Arão e de seus filhos deveriam ficar bem em frente ao Tabernáculo (ver Nm 3.38.). Além de ministrarem nos sacrifícios, era também sua responsabilidade impedir que pessoas não autorizadas entrassem no Tabernáculo.

As tribos, então, acampavam-se em seus lugares designados à certa distância do Tabernáculo. Cada tribo tinha um estandarte ou bandeira para sua identificação. No lado oriental, diretamente em frente do Tabernáculo, situava-se a tribo de Judá, flanqueada pelas tribos de Issacar e Zebulom. Quando em viagem, estas tribos eram as primeiras a moverse como grupo coeso. Seu símbolo ou bandeira era um leão.

No lado sul do Tabernáculo as tribos de Rúben, Simeão e Gade tinham seus lugares definidos. Sob a bandeira de um homem eles eram o segundo grupo a se deslocar em suas viagens.

O Tabernáculo e a tribo de Levi, situando-se no meio do acampamento, viajavam também como grupo no meio da nação de Israel. Estes compunham o terceiro grupo.

No lado ocidental, as tribos de Efraim, Manassés e Benjamim acampar-se-iam sob sua bandeira. Em viagens, formavam o quarto grupo e seu emblema era um bode.

No lado setentrional ficavam as tribos de Aser, Naftali e Dã, cada uma sob sua bandeira. Sob o emblema de uma águia, estas eram as últimas a levantar acampamento e protegiam a retaguarda.

"E os filhos de Israel fizeram conforme tudo o que o Senhor ordenara a Moisés..." (Nm 2.34). Assim acampavam-se sob seus estandartes e assim partiam, cada qual com seu clã e família.

Todas as vezes que Israel se acampava, era sempre na mesma ordem. Cada tribo tinha sua ordem preestabelecida, dentro da tribo, cada clã e ali dentro, cada família. Sempre se sabia como procurar por alguém. Dessa forma, em viagens, tinham sempre a mesma formação, partindo de maneira ordenada.

Números 9.15-23 nos conta que eles se deslocavam apenas quando a nuvem se elevava sobre o Tabernáculo. Então levantavam acampamento e reiniciavam a viagem. Quando a nuvem descansava, eles também o faziam (v. 17). Números 10.11-28 nos conta como o acampamento era desfeito e como começavam o deslocamento de acordo com a ordem das tribos.

"Assim, partiram do monte do Senhor caminho de três dias; e a arca do concerto do Senhor caminhou diante deles caminho de três dias, para lhes buscar lugar de descanso. E a nuvem do Senhor ia sobre eles de dia, quando partiam do arraial. Era, pois, que, partindo a arca, Moisés dizia: Levanta-te, Senhor, e dissipados sejam os teus inimigos, e fujam diante de ti os aborrecedores. E, pousando ela, dizia: Volta, ó Senhor, para os muitos milhares de Israel" (Nm 10.33-36). Assim, o que deu direção a Israel e guiou o povo em todas as suas jornadas foi a Arca do Senhor com sua Glória.

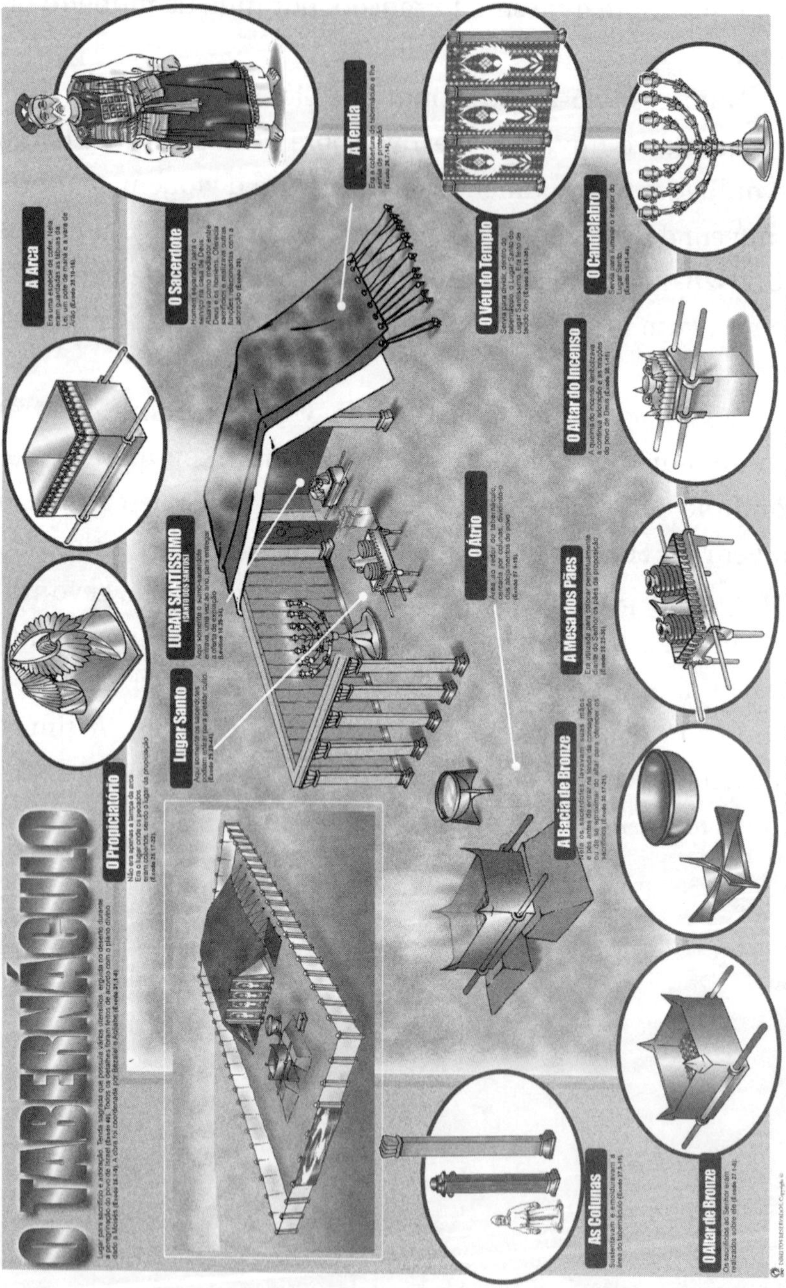

Mapa no formato 85x55 cm (horizontal e colorido) à disposição nas lojas e distribuidoras da CPAD.